愛情
市場學

寫給80分女生
提升戀愛力的
不敗思維

張國洋 (老僑)
Joe Chang

嘿，我們都是大人了

讀老僑的文章是很有意思的，或許因為他同時具有理工背景和商管腦袋的緣故，他的文字比起其他兩性作家，特別有條理，邏輯連貫，文筆也絕少喃喃自語或傷春悲秋。

人與人之間的互動，就像一個市場環境，戀愛是裡頭的一門項目，每個人在愛與被愛之間，就像商品的行銷與被行銷：

「你提供我一個愛你的機會。」

VS.

「我也買單（欣然接受）我們之間的一切化學變化。」

這一切就成了。

但若是「你提供我一個愛你的機會」VS.「我覺得你根本搞錯對象」或「你這種提供方式真讓我不舒服」或「我一眼看破你到處放機會給別人」，這戀愛就談不成。

雖然把戀愛關係比喻成市場上的互動有點殘忍，我們莫不希望兩人初見面時，「一眼就能望穿對方的靈魂，像是生生世世注定就要在一起」的靈魂伴侶，偏偏總在百戰百敗，被傷透了心之後，才恍然自己像是從來沒有掌握清楚「遊戲規則」。

老僑是個不藏私，說話又直白的作者，他在〈大人的戀愛課〉這篇裡，開宗明義的指出「戀愛就是一個尋找顧客之旅」，什麼樣的對象是自己理想的對象？而什麼樣的對象，又是自己能匹配得了的人？「我所提供的個人特質」到底能不能與「他人尋找對象的需求」搭得上線？

〈看著步入禮堂的她〉甚至毫不避諱的直指女性結婚的理性與風險考量；〈80分以下的女生反而最先瞭解市場〉更是讓人拍案叫絕，那些關於商場上後發品牌（Follower）總是比領頭羊（Leading brand）更有競爭意識的道理，原來用在愛情裡也完全貼切。

於是，看了幾篇你會發現，這本書名講的是戀愛，其實談的是人性，教的是方法，論的是一個社會的遊戲規則，以及「妳可以怎樣融入這樣的社會裡」。

都是大人了，我們需要的不是莫名其妙的打氣語錄，而是能夠有個人、有本書，幫我們打開心裡的一個結，好好繼續走下去。而這本，恰巧正是這樣的書，推薦給妳。

知名兩性作家　御姊愛

80分女生的愛情必修課

「愛，只有在尋找的時候，才會發現。」

一直很喜歡這句話，因為知道需要愛是個人的意識，可惜「知道」這兩字在意識哩，只是一連串不斷重複的想法，並沒有靈魂。展開戀愛的行動才是潛意識裡真正的做到，人唯有透過潛意識才會留下切身感受和深刻體會。要不要幸福和會不會幸福，其實是二件事。愛情難尋又能尋，才是難能可貴。

80分女生，要談的不是終結單身，而是愛情中的修養。80分女生，要教的不是心機，而是愛情中每一次練習的機會。但是，80分的女生的愛情比年輕時更重要，卻也更困難。隨著社會的轉型與進步，婚姻已非必然，它只是個人思索生命發展的選項，這些都是經過考慮權衡的，也反映出世代與個人的價值觀，結不結婚是一種生活型態和生命價值的決定。單身並不可怕，可怕的是來自於社會集體意識傳遞了我們那些「想像中的危險」。

很多社會性別角色的限制和給予男女社會位置向度的刻板印象仍未消弭，造成女性在面對婚姻選擇時，較男性受到更多社會情境的壓力，而這些外在的關愛如果處理不當，便容易造成女性的困擾，甚至是一項沉重的自我挫敗。

80分女生要說的也許是，個人意志的自由絕對不是操作愛情的最佳法則，以個人自主擁有奉為體現對於愛情的信念，充其量只是另一種任性的表現。80分的女生了解，透過自我成熟的照顧與獨處，才能踏實的得到屬於自己的安身立命。如果單身是一種狀態，它為我們開啟的應該是更多情感上的滿足，藉由與他人相知相惜，我們會學習適度的懸擱自我而非一味的展現，我們開始能夠了解所謂生活中的愛情，是指當兩個人設法要為了他們一起的生命而容忍彼此時，想像的愛情才不會成為心靈的負擔。生命最大的滿足，終究來自於我們與他人正向情感的連結。愛情的格局說穿了就是：這一生，我們包容過多少人，相遇過多少事。

如果妳自己是或是身邊有這麼一位80分女生，請互相勉勵我們誰也不要錯過每一個可能的發生，經歷過後的回憶，才會成為一個人真正的擁有。在愛的世界，從來不欠方法，只缺意願。希望有那麼一天，我們想到「她」的幸福，就會放心的笑了。

知名兩性心理師　李韋蓉

那些戀愛沒教我的事

這是一本寫給女生看的戀愛策略書。

「但我為何需要看一本戀愛策略書呢？」，我猜打開這頁，妳當下會湧上這樣的疑問。

因為，成功的長期關係仰賴的不僅僅是誠意以及真心，戀愛其實是複雜的人際難題。我們必須搞懂異性要甚麼，搞懂戀愛中的完整遊戲規則，還要搞清楚同性的競爭者、那些比我們更有經驗的人會怎麼出牌，如此才能讓我們在這遊戲中少受些苦，並更容易得到我們真心渴望的戀情。

這時代，是一個男女角色變遷最劇烈的時代。女性擁有史上最多的選擇、可以成長到史無前例的高度、可以為自己做出最自由的決定，也不再只是被挑選的婚姻受害者。但在擁有自由戀愛的權力時，卻沒有人教女生如何在戀愛中取得優勢。加上男性又逐漸草食化、越來越多的男人變的軟弱與被動。也因此，80分女生的這個族群，是一不小心就會在愛情與婚姻市場中落了下風。

所以，女生其實是該學戀愛遊戲規則的！

尤其女生跟男生相比，還有時間上的不利要素。男生就算笨拙，到了五十歲才大器晚成，都還有機會找年輕的女孩子談戀愛並走入婚姻。但女性若對這遊戲領悟的太慢，就算能力條件極優，因為通常不願意往年輕的族群做選擇，所以周圍能選的男人會很自然的被時間所縮限。

就算你是一個從沒打算踏入婚姻的女孩子，戀愛這件事情本身還是美好的！若在後續的日子中，能碰到一個合適的人、能與他分享每個日子的喜怒哀樂、能跟他一起嚐遍生活上的各種經驗，有個人能分擔悲傷、支持照顧，這終究是人生重要的一件大事。

只是我們通常在還沒察覺這事情的重要性時，我們耗費了太多珍貴的時間——毫不作為、毫無累積經驗，只是讓日子流逝在其他的生活瑣事中，或是浪費在不值得的男人身上。等到真正要選擇一個能長期相伴的對象時，發現即無人選、也無策略、更不知道該如何讓人靠近。朋友介紹的，條件每況愈下；相親聯誼的，又話不投機、各懷鬼胎。

事實上，女性最精華的篩選時間，其實大約僅有十到十五年的時間，現在很多女生花了較長的時間在學業、在工作上，在二十歲的精華年紀中，僅累積了很少的戀愛體驗。一旦等到二十後半，意識到戀愛其實也對人生的完美很重要時，這時候其實已經很難自學了。

不如趁現在，透過這本書，好好了解一下戀愛的遊戲規則，搞清楚愛情市場的本質，以及女孩子、一個80分的優質女生，可以透過怎麼樣的策略去強化你後續的戀愛勝率，讓你能跟值得的人在一起，並從此再也不必忍受孤寂。

老僑

目次

III 妳不瞭解的他

Ⅳ 愛情市場策略

Ⅴ 愛情裡的盲點

VI 最終章

附錄：80分女生到底該認識多少人？

I 大人的戀愛課

01 開場

開始之前，我想聊三件不太相干的事情。

第一件事，是我在30歲那年突然發現了一個讓自己很疑惑的問題。

我當時周圍有不少朋友。男生朋友中，幾乎沒有人是單身的，雖然不是人人都結婚，但身邊通常都有穩定的女朋友。但女生朋友則是完全不同。很多女生條件其實很不錯，工作穩定、頭腦聰明、外型優雅，雖然不是名模等級的貌美，但外表絕對是夠吸引男人的水準。可是她們通通都沒有男朋友！她們並不是討厭男人而保持單身，但就是有很長的空窗期。

第二件事是自從我2007-2008年開始在網路上寫兩性文章，我持續收到很多讀者的來信，大多都是詢問他們個人的感情問題。但我漸漸發現，男生跟女生的問題方向是完全不一樣的。

男生最多問題都是在問「怎麼追求成功」。比方說自己喜歡某個女生該怎麼開始行動？邀約女生被拒絕了該怎麼辦？告白失敗了該怎麼辦？對方冷淡了該怎麼辦？

對方有男朋友，應該繼續追求她嗎？

但女生問的，都是在問「該怎麼反應」。比方說碰到不喜歡的人該怎麼拒絕？對方不積極該怎麼辦？對方沒有以前這麼體貼，是出了甚麼問題？對方都不求婚，該怎麼讓他求婚？對方還有老婆，他到底會不會離婚？而我又該繼續嗎？等等的問題。

歸納男女生的想法，男生的問題都是「積極主動」的想突破障礙；但女生的問題則是「被動」的想改善困境。換句話說，男人自己在追求愛情，而在碰到阻礙時，希望找到方法突破。但女生似乎普遍是等待著愛情降臨，而只有當降臨的愛情不如預期時，才會想到要開始解決問題。

第三件事則是這樣的。今年是2016年，我剛好40歲。往回倒推20年，是正值青春的1996年。那時候有一部非常有名的日劇，是木村拓哉跟山口智子演的《長假》（Long Vacation）。

年輕一點的讀者可能不知道，這部日劇在當時是很轟動的。這可是木村拓哉第一次擔綱男主角，後來他的星路扶搖直上，這部作品奠立了很大的基礎，而其他演員也都是後來赫赫有名的大咖，像松隆子、竹野內豐、廣末涼子等。因為劇情溫馨療癒，當年根本是大流行，連我自己也是因為這部片，開展了看日劇的習慣。只是當年電視台比較少有日劇時段，加上網路硬體都還很慢，沒有網路串流影片可看（那是一個光一首MP3就需要下載半小時的年代），所以許多人都是去店裡買VCD來看。

在缺乏足夠戀愛經驗之前，我所有對於戀愛的想像、對於交往的期待、甚至對於婚姻的理解，都是來自於日劇的內容。雖然這十年間，日劇對年輕人的影響力應該是式微了，但不表示大家不需要戀愛想像的來源。本土偶像劇或甚至是韓劇取代了日劇，每個年代的我們恐怕都還是這樣的從「別人的故事」中，默默構築出自己對於未來戀情的想像。

沒頭沒腦的提了這似乎毫不相干的三件事情，到底是想講甚麼呢？

我想說的是，人生很多事情當下覺得莫名其妙似乎沒有關聯，但隨著時間醞釀，你會從中看出某種連結、某種更深層的意義來。

02 戀愛不只是一種本能

我們的世界觀從來都是從環境來的。

雖然戀愛是一種本能，但該怎麼戀愛、戀愛的形式為何、甚至甚麼是好的戀情？其實我們都是後天學習而來的。我成長的年代，父母老師除了在健康教育課程會稍微談到男女的生理差異外，戀愛到底是甚麼、精神面的愛戀知識、或是男女之間相處的基本概念，其實誰也不提。（當然，現在想想不提也是好的。任何知識進入教育體系包裝後，剩下的往往只剩下殘渣之類的東西。戀愛這東西不入教育未嘗不是一件好事。）

但老師不談、父母不說，對愛情渴望的少男少女們，還是對異性會充滿憧憬，還是會想從別的途徑中找到一些相關的理解。我們最早的啟蒙，恐怕都來自於童話故事——王子與公主結婚後過著幸福快樂的日子。至於少年時代對戀愛期待的填補，則就來自於身邊能取得的戲劇、小說，與電影。

而日劇、韓劇這類的偶像劇，影響了我們大部分人「核心的戀愛觀」。我們一方面嘗試學習模仿，但另一方面也付出某種代價。

對於從沒談過戀愛的人而言，因為並不知道到底怎麼樣才是「真實的戀愛」，只能往外探詢。我們看著劇中男女主角的戀愛方式，並嘗試在真實中重建；我們以為那樣才是對的、那樣才是我們該做的，也以為那樣才是我們該期待的。但這些觀念，到底是屬於戲劇，還是真實世界也能如此？卻從來沒人能夠告訴我們。

男人的幸運，在於戲劇與人生中都把他們界定成主動的那一方。所以大部分的男生，十幾歲時，多少就有一兩次的「告白」經驗。所謂告白，也是戲劇教我們的起手式：看到了喜歡的女生，寫了情書、或是當面告訴她自己的心意，並祈求她能點頭，當自己的女朋友。

這類手法通常成效都不好，所以男生十幾歲時，就會逐漸累積告白被拒絕的經驗。也因為是主動開球的那個人，很快就會發現戲劇中，男主角告白，女生含羞點頭的劇情根本不存在。

至此，男人會試圖搞清楚，到底自己錯在哪裡？或到底有沒有更正確、更有效率的開場方式？這也是為何，我這幾年收到的疑問，男生通常都是因為碰到阻礙，而積極的想找到破除阻礙的方法。

通常男人只要條件不太差、積極度夠，碰撞幾次，很快就能找到自己的市場定位。也必然能有機會找到在那市場定位中，自己能接受的對象。也因此，我到三十歲時，身邊的男性朋友其實大多都有女朋友了，其中很高比例的人也步入婚姻，因為他們很早就主動去接觸各等級的異性，很快就找出自己的定位，其中一些人提升自我以便追求等級更高的女性，另一些人則是接受現實，不再妄想。

但女生不同，很多女生從頭到尾都不知道自己的市場定位。

在傳統的文本、小說與戲劇中，就算是1996年我成長時的日劇而言，女性的戀愛觀始終是「被動接受男性的追求」。女生幾乎甚麼都不動，默默地等待男方的求愛，並從中挑選出「感覺對」的那個人。

這概念讓大部分的女生有很長一段人生對戀愛市場是陌生的、甚至是一無所知的。因為取樣不足（跟男人接觸次數過少，也從沒被男人主動拒絕過），她們對於男人的心態了解甚少、對於男人到底為何會想結婚毫不理解，她們甚至對於男人在不同年齡上的求偶心態更是無從判別起。

這讓很多女生抱持一種假象的期待：只要默默等待緣分即可。偶像劇也都強調，每個人都會被對的異性所發掘。但現實顯然不是如此，我們若不為自己做些甚麼，就算內容精彩，也可能只被當成默默無名的平凡路人。

甚至，很多女生非要等到開始對婚姻緊張時，才重新建構戀愛相關知識。這讓部分女生白白的浪費了很多時間。甚至讓她們對戀情、對男人，有根本上的錯誤認知。

畢竟戲劇的情節，大部分是虛擬的、是僅存在於戲劇中、是一個以提供療癒為目的產品。**偶像劇終究不是戀愛教科書**，而是一個讓對於現實疲累的人，有機會逃避現實並獲得療癒的自我空間。

我自己年輕時候也不懂這概念，也以為偶像劇的劇情某種程度代表現實，但一直到我有較為充分的戀愛經驗後再回顧，才理解到，偶像劇的核心，提供的其實是一個「不存在的溫暖感」。越是現實中難以獲取、難以實現的情節，才越是收歡迎的故事基礎。

以女生為訴求的偶像劇，女主角通常都是平凡的鄰家女孩。沒有特別的美貌或是才能，工作可能也不太順利。在整個劇情展開的過程，始終自我迷惘，不確定自己對周圍人的價值。但男主角通常都是成熟、事業有成的成功人士，無論旁人如何勸阻，都希望跟女主角在一起，就算原本有豔麗火辣、如名模般的女朋友，卻在跟樸實但內心豐富的女主角相處後，體會女主角的細膩內在，而把膚淺、豔麗、火辣的女友甩在一邊。女主角也在這過程中，體會到自己其實不平凡，感受到自己之於他人的價值。就算過程中自己做了傷害對方的事情，最後一切也能雨過天晴、重修舊好。只要兩人夠有愛，甚麼都不是問題。而自己的平凡，反而是帶給對方力量與成長的動力。

以上可是超受歡迎的偶像劇架構。但如果我們以此認知為戀愛的基本原型，那必然會在後續跟異性的相處上，受到深刻的打擊。因為**沒有人會不計代價的努力到底、沒有人喜歡我們毫不修飾的本質、也沒有人天天努力只為挖掘出我們內心美麗動人之處**。戀愛的相處更不是只要有愛就一切都不是問題。我們每一步其實都很重要。如果我們的自私或是要求傷害了別人，這傷害有可能會被一直記得，永遠也無法弭平。一但爭執超過了某個界線，這段關係很可能再也回不來了！

所以，戀愛不是只是任性的做自己就好。戀愛其實是一門修練，一個讓自己變得更好的過程。

03 大人的戀愛課

不浪漫的說法，我可以說，戀愛其實是個找尋顧客之旅。

想像我開了一間咖啡店，開店初期來客不錯，但開店三個月後，店裡客人三三兩兩。很顯然，我做錯了甚麼；或是最少我沒做對事情——沒做出客人想要的價值。所以我得改變策略——最起碼，產品與定價須要重新檢討，待客之道與服務體驗也得想想有沒有不足之處。

戀愛也是如此。我們每個人出生即具備了天生的條件，這條件可能好，也可能略差，但這並非關鍵。因為我們還有很多條件是在成長的過程中，隨著自我意識以及自我努力形塑出我是誰。但這樣的一個我，到底對他者而言，是一個怎麼樣的存在？不認識我的人，是怎麼看待我的，這或許是一個極為重要的問題。而面對市場的觀點時，我到底該做些甚麼調整？是我的產品本身需要改善？是我該換個市場？是我在跟他人相處上，給別人不好的體驗？這些搞清楚了，才表示我是一個準備好能給別人愛情的對象。

畢竟，愛情是一個雙向的過程。並不是我單單的接受他人的付出，我也必須回饋某種對等的東西，這段關係才能穩固的往下走。

但這唯有你真正經歷過幾次市場的教訓，你才會發現自己該往哪裡努力。因此，戀愛其實是一門貼近市場，找出自我定位，並努力提升自己的課業。

事實上，這對女生而言，比對男生更加重要。因為女生的優勢剛好也是自身成長的阻礙。十幾歲的女生，就算甚麼都不做，也總能吸引男生的注意。男生會竭盡所能地想要接近、想要一親芳澤。這時候，女生只要小心的防禦、耐心的等待，追求者若眾，總有可能挑出一個自己滿意的對象。

但毫無經驗的少女，剛巧挑到完美人生伴侶的機率其實是很低的。

初戀對象或許帶給我們很多美麗的回憶，也讓我們獲得一些成長，但很可能在後續的人生中，我們不得不選擇離開他。而每次的離開，每次的空窗，都意味著追求者人數可能會比前一段減少。

所以除了少數天資聰慧的女孩子外，大部分女生在到達二十世代尾端時，其實對於男人的本質性，終究還是了解不多；對於自己在市場上的定位，所知往往也很有限。

一旦在這時期若又錯過了，沒有獲得新的戀情、沒有碰到讓自己如願跳入婚姻的對象，後續在長久穩定的對象選擇上就會「指數型」的逐年減少。換言之，女生選擇的時間其實是非常受限的。

也因為非常受限，女生其實比男生更需要戀愛策略。因為唯有正確的認清自己的優勢與劣勢，正確的進退挪移，看懂哪些男人合適、並正確的出牌，展現出能打中對方的吸引力，才能在戀愛過程中少受些委屈、多感受些快樂。

而這本書也是希望，讓妳逐步的搞懂遊戲規則、並能優雅而輕鬆的參與這遊戲。

04 看著步入禮堂的她

妳有沒有這樣的朋友？年輕時是個乖巧聽話的女生，一路用功念書沒有太多與男人的交往經驗，也不太清楚到底怎麼樣的男人才是合適長久交往的對象。等到自己年紀到了三十歲上下，長輩紛紛關切起感情、朋友也熱心詢問、甚至參加喜宴的機會越來越多，一瞬間因為太害怕自己成為別人口中的「敗犬」，而突然間積極起來。

也有一些女生，因為恐懼或壓力而選擇匆忙走入婚姻，後續卻又對婚姻生活抱怨不已。

結婚沒有不好，但是毫無方向、只是因為害怕社會壓力而結婚就不對了。

因為不懂戀愛的遊戲規則、不懂得鑑賞男人的好壞，便難以獲得愛情給予人們內心真正的滿足。戀愛就如同任何其他的技能（像下棋或是運動）一般，其實是需要長期的練習以及眼界上的開拓，更需要累積充分的經驗值。若是沒有人引導，自己又錯過了練習的黃金時期，隨著年齡增長，就非常可能讓自己走入一個難以翻身的尷尬境地。

當然，若妳沒有非要結婚或戀愛，懂不懂戀愛本質其實是無所謂的。可是很多人常常到了一定年紀之後，突然開始對這個議題憂心起來，這可就非常危險了！因為匆忙、倉促、不懂、經驗不足、再加上錯誤挑選，很可能讓婚禮後的下半輩子落入鬱鬱寡歡的境地。

當然，講歸宿或許顯得迂腐。我並不覺得女人一定要透過結婚才能幸福，但無論女人是否結婚，都要讓自己好好的戀愛，並選個合適的對象來保持健康的長期互動關係。戀愛是美好的事情，也是值得我們花時間心力去學習與探索的人生課題。大部分的人願意花錢、花時間去學習休閒性的技能（例如做甜點與品酒），可是在人生重要的課題上（如戀愛），卻常常只是交由緣分、天意、命運以及感性來決定，在我看來這是大不應該的！

愛情雖然從表面上看似是一種難以被定義的靈魂互動。但實際上，任何事物背後其實都有運作的邏輯，也都能被分析、被規則化，並以一種系統性的方式重塑。以我的觀察，那些婚姻幸福的女人，她們大部分其實是理性、是風險考量、是深思熟慮，也都有一種「隱含的策略」在進行著；她們其實沒有把她們的人生交給虛無的緣分。只是大部分掌握這種能力的人（也就是那些妳認為獲得真正幸福的女生），無法邏輯且有系統地告訴大家她們背後的策略是甚麼。畢竟她們只是根據經驗和直覺碰巧做出了讓對方有好感的動作。可是這些直覺，其實是有脈絡可循的、是可被拆解與複製的，更是根據市場、根據對方的偏好，以及自身條件做出的舉動。

愛情是一個可以被學習、被解構，也可以透過了解妳的目標，來提升自己的過程。可惜這麼重要的事情，社會卻過度的輕視。學校從來不教、父母則怕女兒吃虧而避而不談，老是叫女生等長大再談戀愛。這讓很多女生到了接近三十歲卻還徬徨無助，認為男人難以理解，認為戀愛好難，感嘆緣分怎麼都不站在自己這一邊。

這是可惜的，也是不應該發生的。

接下來，我會以一個商業顧問的角度，透過管理學的知識來告訴女生該知道的戀愛遊戲規則。比方說，最可能成為敗犬的族群是哪一類？為何女性在目前的時代會比男生更不容易找到另一半？為何管理學的知識能幫助妳談場不盲目的戀愛？以及更具體的，妳或許需要甚麼樣的自我調整？男人在戀愛上的思考跟女人的差異在哪裡？這些差異妳又該如何利用或配合？運用旁觀的視角理解愛情市場，就能理性的分析自己的狀況，並建構出一個盡可能避免掉入敗犬陷阱的人生策略。

或許這些知識不保證會能如童話故事結局般的讓妳「從此幸福快樂」；但至少妳能掌握自己的命運，並降低被愛情傷害的機率。

05 妳以為的敗犬，不是真敗犬

「敗犬」這個名詞最早是從日本作家酒井順子《敗犬的遠吠》這本書而流行起來的。酒井在書中是從女性自身的觀點來談未婚與已婚的心態差異，以及對於社會壓力的嘲弄。從她書中的文字來看，在日本女人之間是以婚姻狀態來畫出一條明確的分水嶺。站在兩邊的對象其實涇渭分明，已婚者有著勝利的感覺，而未婚者則飽受壓力以及社會的偏見。酒井順子以此字眼自喻，就好比兩隻狗打架，勝利的狗兒耀武揚威、而失敗的狗只能夾著尾巴遠遁。

以日本過度集體化的社會型態而言，我其實還蠻能想像那種情境。到了一定年紀，無論男女只要沒有結婚，必然會遭受極大的社會壓力。台灣社會雖然沒有像日本這麼極端，但以婚姻做為人生的切換點，似乎仍存在於許多人的觀念中。到了一定年紀後，父母給予的壓力不說，每到年節時分，長輩們的「關心」也必然讓很多人心生厭煩。

這也導致很多人到了一定年齡之後，都開始莫名的產生恐懼感，並急切地想做些甚麼改變。畢竟我們還是社會化的動物；不管自己覺得自己單身生活再美好，但當周圍的每個人都「覺得」妳該結婚、或是妳該如何如何時，還是很難完全不受影響。即便你自己有著堅強的主見，往往也得花很許多心力跟這股強大的輿論壓力對抗。

對抗雖然未必會輸，但無論勝敗難免會耗損能量，也會因為反作用力造成自身的受傷。這也是為何「敗犬」這名詞對很多人而言，會下意識的產生排斥以及反感。更糟糕的是，外人還會有某種「刻板印象」，覺得一定年紀卻沒結婚、甚至也沒有穩定交往對象的人可能是因為性格有問題、難搞、眼光太高或是難相處，所以最後才變成這樣，導致誰也不想把這名詞放在自己頭上。

簡單的說，「敗犬」面對的不單單只是「有沒有結婚」、「會不會寂寞」這樣層面的問題而已，甚至會因為別人這種有色眼光，在職場、人際互動、他人印象等層次帶來困擾。

除非妳真的是討厭男人、完全不打算結婚，不然其實可以更早做準備。不然等到這問題臨到頭上、被動因應時，其實已經籌碼盡失，也很難做出甚麼重大突破。反而很可能只能隨著世俗價值去相親，或是一輩子跟輿論及親友壓力對抗到底了。

如今最可能被關切的女性，其實跟一般人認知已經有很大差異。二十年前，這還是個小眾問題，一般人的刻板印象可能也沒錯。可是到了今天，這些女生其實已經不是小眾，而是一個普遍的現象。甚至一些妳從來沒想過會被稱為敗犬的女性，逐步變成了「敗犬的高危險群」。這些女生們，她們並不排斥婚姻、不是女強人，可是卻因為市場變遷，她們成為戀愛市場上的弱勢。更嚴重的問題在於，她們其實對此毫無警覺，而一直使用著錯誤的戀愛策略……

06 在愛情市場上落單……

大部分人直覺會認為，最容易在愛情市場上落單的女性應該是條件極好的，或是條件極壞的兩個族群。

所謂條件極好的通常指的都是極度精英型的女性。這類女性給人的印象大都是利落精明、能力強、極度聰明、學歷好、而且通常經濟能力優渥，往往30歲上下但已經是主管階級。

這類女孩子在婚姻市場上其實沒有太大問題。不踏入婚姻大概有兩個原因。一個原因是自己並沒有這般渴望；另一個原因則通常是她們比較難碰到能讓自己認可的男性。

畢竟她們有好的工作、收入穩定、自己獨立自主，男人除非比她們優秀，否則她們並不打算犧牲現在的生活，變成家庭主婦是她們眼中的「風險」。這類女性常又比較冷靜與理性，要她們突然盲目的奔入婚姻，其實不大容易。此外，男性也不太會對這樣的女性激起瘋狂的熱情。當雙方都冷靜以對，交往的步調自然就趨於緩慢。

至於條件不好的族群因為競爭力較低，有較高的機會在市場選擇中落了單。這點倒應該不用多做解釋。

可是條件太高與太差就足以說明一切嗎？

很顯然並非如此。畢竟我身邊有很多條件明顯OK、性格也好、聰明獨立但也不至於讓男人有壓力、相處起來很和善的女生卻在這過程中落了單。我相信讀到這裡，妳應該也能立刻想出好幾個你所認識的女孩，性格、外貌、能力都是上上之選，卻始終沒有覓得良緣。

你說她們很挑嗎？

應該不是。以我自己身邊周圍的那一群好女孩而言，她們並沒有很高的眼光，並非雞蛋裡挑骨頭，更沒有性格問題。她們事實上也老覺得冤枉，覺得自己要的東西很簡單，只希望找一個稍微順眼、上進、工作穩定、能一起打拼的男人就滿足了。可是卻始終搞不懂，為何自己一直無法覓得好姻緣。

你說她們條件太好讓人有壓力嗎？

應該也不是，她們雖然經濟獨立、容貌身形不錯，但並非女強人或是名模等級的女孩子。完全只是比一般人稍微好一些的條件罷了。若說是這樣子會讓男人卻步，似乎也說不過去。

那麼到底是出了甚麼問題呢？

07 80分女孩，是妳嗎？

在這個時代，最不容易被看見的女性族群其實已經不是一般人以為的那些極端的類型。一個我稱之為「80分女孩」的族群，反而是目前最弱勢的一個分類！

「80分女孩」如同字義一般，她們其實是條件不錯的一群女孩子。她們是我們周圍那些條件不壞、溫柔體貼、對人親切的女孩。雖然沒有搶眼的美貌，但她們在外型上也並不差；男人或許不會第一眼注意到她們，但她們都有足夠的女性魅力、通常也很耐看。更重要的是，她們沒有好到讓人有不敢親近的壓力。

她們大部分學歷不壞，有一份還不錯的工作。經濟上雖然不至於很闊綽，但也算是自給自足。她們通常有足夠的品味，懂得吃，知道哪裡有不錯的餐廳、知道餐點該配合甚麼酒；懂時尚，未必有一堆知名精品，但總能穿搭出自己的風格來，甚至連男人的穿著打扮都能有所見解。

她們喜歡藝文，下班閒暇願意花錢去進修，有可能是英文課、有可能是品酒課、有可能是那些會辦在高級的私人教室的課程。她們不自閉、有一群親近的朋友、有一群談得來的姊妹淘，人際關係也不壞。辦公室裡面，或許不是最搶眼的，也或許不是人人都喜歡她們，但是她們絕對有工作能力，很可能是老闆倚重的對象、也可能在自己的專業領域中小有成就。

她們很好，卻也沒有好到讓人不敢親近。可是偏偏這族群在接下來的五到十年間，最有可能會變成婚姻場上最弱勢的一群女孩子。

原因何在？

主要關鍵在於她們普遍戀愛經驗較少，以至於對於市場定位不正確、對市場有錯誤期待，也因此在時機掌握、吸引策略上都有所盲點。

這些因素加總起來，讓她們剛巧都「吸引到她們覺得無法匹配自己的男人；而她們感興趣的男人卻不接近」的窘境。換言之，只要不打破這窘境，加上時間一久，她們就極可能會走入敗犬的困境中。

所以，如果你是「80分女孩」，你其實應該把這本書好好看完，並在青春時效之前，先打破這窘境。

不過，要談窘境，我們恐怕得先從一切的起點，也就「供給與需求面」來談起。

II

愛情裡的供需

01 分數是為了理解，而非物化

所謂80分也好、70分也好，這些究竟指的是甚麼？

這樣的分數當然實際上並不存在，只是我試圖把抽象概念簡化，讓妳更能理解我想表達的事情。

實際上，我們很難「客觀的」為別人打分數。我認為80分的，妳可能覺得有90分；當然狀況也可能反過來，我認為80分的，妳認為只有70分，所以打分數不可能有統一標準。

但不可否認的，每當我們剛認識一個陌生人時，我們每個人的心裡其實還是會根據「自己在意的幾項要點」，將別人排放在自己心中不同的位置。有些人我們願意花時間在他們身上，通常是因為他們有相當吸引人的特質（也就是所謂高分）。但有些人別說是在他們身上花時間了，就連多跟他們講一句話都會覺得不舒服（也就是所謂低分）。所以每個人心中都有著一個隱而不宣的評分機制在運作著。

但要請妳注意的是，「總分」並非僅來自於「所有條件的平均值」，而是來自於

「最低幾項條件的平均」。比方說，一個男人的學歷及工作都還可以，可是他禿頭了，這在很多女人眼裡還是不及格的。除非他其餘條件特別的突出，那才會讓人另眼相看。比方說他是富比世的列名富豪，這時候就算頭禿一點，極端優渥的身家也很可能會讓人忘記頭髮的問題。

男人當然也有類似的機制在背後運作。所以，提到分數並不是要物化誰，在這裡，只是一種能更容易傳達抽象概念的說明方式罷了。解釋了這麼一長串，但關於分數最重要的知識其實僅在於——當一個女生條件明顯比同儕來得差時，這樣的人反而不容易成為敗犬。

這是為甚麼呢？

02 80分以下的女生反而最先了解市場

大部分非優勢族群的人，其實在很年輕的時候就會有自我警覺。80分以下的女生，很早就在與同儕的比較下，意識到自己不如人的地方，也通常會很努力地為自己謀取出路。就算天真一些的人，到了高中畢業，也該會透過男人對待自己以及其他女性的差異，而警覺出自己可能有著缺乏先天之長的現實問題。也因為早有警覺，很早就會開始思考改善方針。所以這樣的女生，往往會發展出兩種截然不同的人生策略。

第一種策略，是盡早找到一個能接受她們的對象。

畢竟在二十多歲的時期，一般男生還很難看出條件差異，真有差異也不外乎身高、外貌、家世、功課或是運動能力等本質上差異。但極端優秀的男人畢竟是少數，大部分男生在那個年紀其實都差不多。個性幼稚，滿腦子打球或是電動、啤酒與美女，大都是憨憨渾渾的在學校瞎鬧胡混著過日子，加上這個時期的男生眼界通常還不足，而荷爾蒙的運作下，讓他們非常渴望能跟女生交往。所以，二十多歲的女生就算不是大美女，只要目標明確，也有很高的機率能夠找到不錯的交往對象。

很多80分以下的女生，通常會在學生時期大家差異還不明顯時，就先努力找到合適結婚的對象。接著等到畢了業，就會選擇盡量早早結婚。

她們的老公或許不是甚麼社會菁英，可是兩人也能維持著一個甜蜜的小家庭。兩人互相扶持、一路打拼，別有一番樂趣。而且很可能等到三十歲同學會時，她的小孩都已經讀小學了，其他同學卻才正在煩惱結婚、生小孩甚至苦無對象的事情。苦盡甘來，反而成為眾人羨慕的對象。更有些運氣好的，老公出社會幾年且有所成就，那就更是「傳為佳話」。

第二種策略，是積極認識她們覺得合適的男人。

另一部分女生雖然沒有成功地在學生時期找到合適的結婚對象，但出了社會後在對男性的態度上明顯比一般女生積極。我自己就曾碰過幾次這樣的女生。她們知道自己不會第一眼就吸引到男人的目光，所以會盡一切努力的主動接近對方，並適時突顯自己的特點。記得我剛回台灣找到第一份工作時，就有女生在我才進入公司的第一個禮拜，大方地自我介紹，甚至馬上邀約。她跟我說：「妳對台中不熟吧？我帶妳去附近走走……」週六一早便開車來我住的地方接我，帶我繞了台中的幾個知名景點、中午請我吃飯、晚上還直接把我載到大肚山上看夜景。過兩天後，更直言希望能「以結婚為前提來交往」。

雖然我當時是拒絕了她，但她的這份積極確實讓人印象深刻。而且說實在的，只要這樣的積極性能維持著，絕對有很大機會能找到穩定的陪伴者。畢竟除非一個女生是真的長相抱歉到讓人無法忍受，否則大部分男人其實是不擅於拒絕女生的接近。俗語說「女追男，隔層紗」這點是千真萬確的。這位女生被我拒絕後又很快轉而接近別的男生，果然沒多久後也真的交上男朋友並順利結婚了。

03 80分女生的警示

可是對於80分的女生而言，她們從高中、大學時期往往就意識到「自己條件還可以」這件事。所以儘管前面一定還排有班花、系花、校花之類的女生，但因為一路以來都有男生對自己感興趣，所以從來不覺得自己該有危機意識，更不會像那些自覺條件不夠好的女生那樣，在很早的年紀就積極找尋結婚對象。

既然自己條件還可以，往往就會希望能再多看看，找到一位「更能與自己匹配」的男性。更因為從學生時代就有男生在周圍環繞，所以一直以來她們也都習慣於「等待追求」。

可是被動等待有個很大的問題，在於當事人會對於「市場多空變異」的敏感度較弱，常常不會在第一時間意識到男人策略的轉變，而很容易會一路「等待到底」。等到三十歲附近時，才會開始不斷感嘆怎麼來追求的人，越來越不是自己喜歡的男性；而自己喜歡的男性，怎麼隨著年紀越大、越不願意花時間心力來追求自己。更糟糕的是，這策略往往要到快突破三十五歲時，才驚覺自己不能繼續「被動等待」。可是屆時要再調整策略，往往已經毫無籌碼可運用了！

換言之，如果80分的女生們在二十歲時不夠積極、三十歲時又隨緣，等過了三十五歲，又還想要遵循理想中的交往模式，步入婚姻與家庭，狀況很容易不如預期，進而造成80分的女生為此心煩、失落，甚至產生自我厭惡的情緒。

有人可能會有疑問：「等待追求」是一個女性幾千年來一直採用的策略。所有媽媽不都教女兒別對男人顯露興趣，不能倒追男生，要等男生主動來接近嗎？換句話說，這方法一定某種程度上是有效的，女性才會用了幾千年之久。但為何這種方法卻被我說成是危險策略了呢？

這個被動的策略方法本身其實並沒有任何不對，90分的女生還是應當使用這一招。只是因為近十年來，戀愛市場產生了根本性的變化，以至於「80分女生」若持續使用「等待策略」將會變成很糟糕的一項組合。

80分女孩周圍可選擇的男人比例示意圖

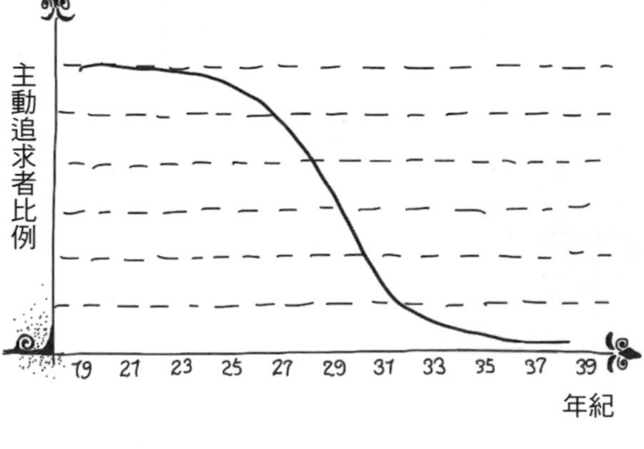

04 愛情市場的劇變

過去數千年來，戀愛市場對女性而言一直都是所謂的「賣方市場」。所謂「賣方市場」的含意，是說市場上「賣方的數量較少」但「想買的人很多」。講得更經濟學一些，就是「需求多而供給少」。既然供給少，賣方就可以開一個較高的條件、或擺出較高的姿態；也因為想買的人數量多、所以買方必須要彼此競爭。

在這個環境中，買方通常需要付出較多的成本（時間、錢、力氣）才能成交。但賣方則可以以逸待勞，甚至若採取被動策略，賣方更有可能將其利益最大化。

若覺得很難理解為何被動策略可以讓賣方利益最大化的話，可以想像妳手上有棟漂亮的透天厝要賣，而且附近只有妳在賣房子。假設同時間，有三組人想要買妳的房子，既然有這麼多人想買，而附近又只有妳這一棟房子在賣，如果一個一個跟買方談價錢，那是很沒有效率的做法，而且可能錯失更好的商機。這時候，最理想的策略，就是請買方們「公開出價競標」。想買的人發現別人願意出更高價，就只得不斷地上調價格。想買的欲望、加上喊價的氣氛，有時候會讓人產生一種「非贏不可」的心情。其他買方受到刺激，也可能會繼續往上喊價。妳做為賣方、在這個環境唯一要做的，就只是保持忍耐並等待最高價出現即可。

這是為何女性習慣採取等待策略的起因，因為在過去以來，整個婚姻市場完全一面倒的就是賣方市場。女性佔據了社會風氣與心理層面優勢。男人必須要展現自己的條件，女人才會從中挑選一個合適的對象做為丈夫。

導致賣方市場成形的背後有著許多因素，生物學的理由我們晚點來談，現在可以先聊聊的是關於古代「一夫多妻」這個制度。這個制度雖然對女性而言是個很不公平的婚配模式，但這個制度卻把「女性之間公開競爭」的人數大幅度地縮限住了。

05 過去婚姻的遊戲規則

久遠以前的世俗社會當中，婚姻更是如同市場交易，最有權勢的男人，在不考慮「愛情」的狀況下，往往可以根據地位與名聲來「買到」條件最好的女子。在這般前提下，90分以上的女人，在還沒有開放給「一般人」競爭前，就已經先被有權勢與地位的男人佔據了！依照男人的位階高低，以及一夫多妻為主流的制度，90分的女生肯定會被王公貴族寡占，甚至一定比例的80分女生也會被先搶走，剩下的女性才會開放給其他男人競爭。

而這樣的男人有多少？雖然他們的數量只是金字塔頂端的極少數，可是他們所擁有的女生數量，是超過其本身的。

至於平民百姓型的男人，人數肯定比王公貴族來的多，可是他們他們受限於政經實力，在那樣的環境中，他們也只能從條件次等的女生開始接近起。

因為可追求的女性在數量上比單身男人來得少，所以對當時的女生而言，這環境完全就是一個「賣方主導」的市場結構。（當然，背後還有另一個生物性上的因素，但這可以在後面章節時再回頭探討）

就算是透過媒人在中間穿針引線，由父母來決定女兒該嫁給誰的封建年代，也還是會由男方先來提親下聘，甚至多人爭相下聘，待女方挑選後、婚配才能繼續。所以，男方主動而且必須努力爭取是一直以來的「遊戲規則」。

因為遊戲規則一直是如此，女性所有的兩性互動策略，也都是以此做為基礎而設計的。比方說女性都被教導盡量不要露面、要引發追求者的好奇心，在婚約之前不讓男方太過靠近；女性更會用各類方式測試男人誠意、或讓所有對自己感興趣的男人展現價值，最後再從中挑選最好的一個。所以男人要贏得美嬌娘、得先展現出他所有的社會籌碼，以便成功擊敗其他競爭者。甚至在有機會展現之前，得先花很多時間準備，鍛鍊自己、求取功名、爭奪資源、賺取錢財等。

至於女性在這種環境中，則不需要刻意爭取男人注意，不需要主動叫賣、不需要刻意露臉或是露身材。多做這些事情並沒有好處，反而有可能自曝其短。女生只要越能耐住性子、越能逼著男人不斷把價值放在檯面上，就有機會在一群人中挑選到條件最好的候選人。所以祖母也好、媽媽也好，長輩們都教導女生必須要端莊、內斂、不要主動追男生、不要讓男生太早得手，要讓男生來接近自己，這實在是數千年演化下來的必勝策略！

只是這策略走到現在，卻因為環境變動，造成整個男女婚配遊戲規則大洗牌⋯⋯

06 被解放的80分女生

過往因為父權的社會結構、加上普遍物資匱乏，所以女生能分配到的社會資源極為有限。一般家庭多需要充足的勞動人口進行農耕、手工藝、採集、烹飪、或是其他家管工作，所以除了少數貴族階級的女性外，多數女性很可能連基礎教育都無法接受，更別說想要接受高等教育、或擁有自己的收入與職業。一般人家的女生，因為每天勞動，光要保持不曬太陽、或把指甲頭髮維持整齊，就可能是非常困難的一件事，更不可能時時把自己打扮得光鮮亮麗。所以在過去的時代，所謂80分女生，恐怕多是富翁、名士、或是官家的女生，是相對稀少的一個族群。

但在我們現在所處的年代，科技進步、物質充裕、恐怕是過去任何時代都難以比擬的。再加上

封建時代中產階級女孩分數分布示意圖

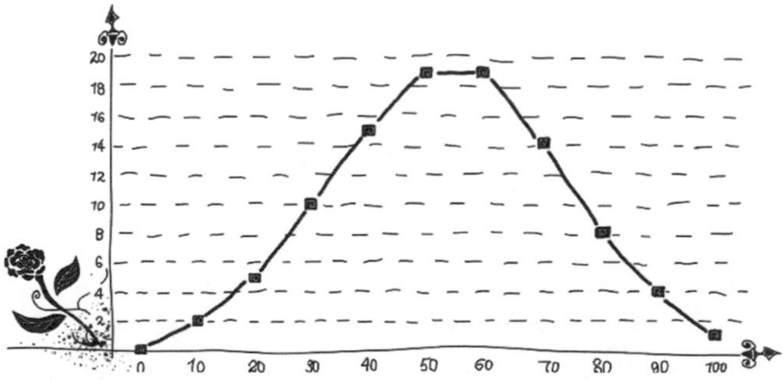

男女權力逐漸平衡，女生在教育上、事業上以及收入上也都能跟男性平起平坐。以台灣而言，就算是小康家庭的女生，出了社會通常也能過著不錯的生活。收入或許不豐，但是「平價奢華」的日子是能維持的。平常的薪水省一點用，大概也夠買幾個名牌包、偶爾吃吃高級餐館、有適度的娛樂活動、周圍認識的朋友也有著一定的格調。此外，科技進步造成的生產成本降低，各類保養品、化妝品、服裝、配件，就算是一般上班族想買也不會覺得經濟壓力太大。所以，在現在這個時代，女生都很幸福、80分女生的數量恐怕是史無前例的多。但也因為多，所以反而變成目前戀愛市場上競爭最激烈的一個族群了！

而讓這個狀況更嚴重的，在於現在的男人無論條件多好，最多也只能娶一個老婆。欸！等等，這是壞事嗎？妳或許會問。這個問題，完全看妳要從哪個角度來看。若從公平合理的角度來

現代女孩分數分佈示意圖

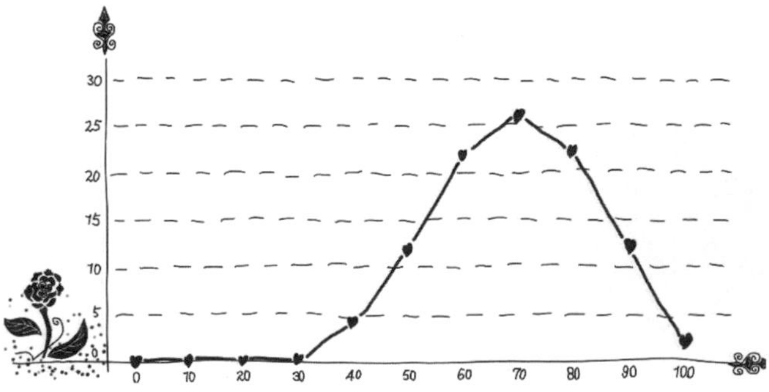

看，這是女性的一大勝利；但若從市場競爭的角度看，這等於是讓更多的「供給」來到婚姻市場。過往一夫多妻的社會結構，其實是犧牲了所有高分女性的人生（她們沒有權力自由挑選丈夫），所以90分的女性幾乎全部變成王公貴族的禁臠。但條件中上的女生們（70以及80分階層），則因為數量稀有反而有機會被高分的男人挑到、並輕易地嫁入好人家。所以在封建時代，80分女性是當時選擇機會最大的一個族群。

但在一夫一妻制的社會中，過去那些只能當有錢人禁臠的90分女性被解放了。妳再也不會聽說甚麼父母逼迫女兒嫁給誰，或是誰被地方仕豪強娶的故事。90分的女生可以有機會自己選擇伴侶、也有機會決定自己的命運，也因為她們進入市場，男人當然優先會把目光放在她們身上。如此一來，70以及80分女生原本的市場優勢也就消失了，市場上有更多優質的女生彼此競爭。可是有高婚配價值的男人永遠是少數，於是乎，若女生不夠突出又過於被動，就真的可能在這個過程中被徹底遺忘了。

不過，講到這裡肯定有人會疑問：「一夫一妻制度到今天也有百年的歷史了。從民國成立時就已經實行的事情，為何現在才產生影響呢？」若妳有想到這問題，那很棒！因為讓這問題變得明顯的最大原因，在於「男人變弱了」。

07

男人變弱了？

在人類古早起源時，種族要持續繁衍，人們必須花很大的心力與大自然對抗。這些對抗，無論是狩獵、防衛家園、農耕、畜牧、製作工具、採集礦產、或是外出打仗全都仰賴「力量」。男人在體能上天生便優於女性，這也是為甚麼在古時候，男人的誕生是被家庭所期待且重視的大事。因為一個家族若有充足的男丁，表示家族有力量、也表示整個家族的人的安危都能獲得保障。

所以從古早皇帝時代到妳我父執輩之前的年代，男人都被教育「必須變強」、「必須頂天立地」。從小就被灌輸不准哭、不准示弱、要照顧父母、保護妻小、要維持家計、擔負家庭責任等「男人的基本責任」。也因為這樣的教育方針，所以大部分這樣長大的男人，都以能達到這些條件作為榮耀。當然，每個年代都難免會出現不負責任的男人，不過因為過往的社會給予男人極大的壓力，所以大部分人成年後都積極地想盡快找個女生成家立業、認真工作以照顧家人、孝順父母、延續香火，並且把這些當成生活主軸。

不過，這樣的狀態隨著台灣進入富裕年代後（1980年代後），整個社會氛圍開始大不相同。

父母因為是吃苦長大的，當他們結婚生子，生活變得較為寬裕後，對於下一代也開始諸多保護，希望盡量不讓他們吃苦。孩子生得少，每個孩子獲得的關注與資源就相對豐富。許多在這段時期出生的男孩子，從小就受到很好的照顧，不碰釘子、不碰困難、一路平順地讀完碩士博士。加上這一代的男人，普遍缺乏必須要改善家庭環境的迫切使命，在物質上也沒有需要積極爭取的目標。所以就結果而言，男人是朝向「更可愛」的方向在演化。大男人主義從這一代的男人身上幾乎式微，男人越來越敏感、纖細、有藝術與人文氣息，也更溫柔體貼。好處是這些年輕男人長大後在性格上顯得較為溫和，知書達禮又照顧女人；但壞處是這樣長大的男孩子普遍較軟弱、容易受傷、害怕失敗、更害怕被拒絕。當成長過程太安穩平順時，也就沒有非要出人頭地、爭取資源的野心。

女性在近幾十年的狀況又是如何呢？

在我們母親或祖母那一輩，雖然女性開始受到教育普及的好處，也可以在社會上工作，但她們即使出社會工作，大多也只僅是結婚前打發時間的活動。一來是因為社會觀念上女性最終還是應該把時間留給家庭，另一個原因則是因為職場上的「玻璃天花板」效應。就是不管再怎麼努力，女人也很難在當時整個社會環境下爬到關鍵位置。所以當時只有極少數非常幸運的女性可以跟男人在相同立足點上競爭，甚至可以成為高階經理人。

既然過往女性學歷普遍低於男性，在職場上的薪資與地位也多在男性之下，相較之下，女生追求好男人的標準，自然有部分是建立在女性位於較為自卑階級的基礎上。國中畢業在工廠當女工的女生，就算男方只是個小公務員，也不會覺得委屈。所以在當時的時代，能有一技之長或是正職的男人，要找到合適的婚配對象其實不難。因為他在社會地位以及學歷的搭配，幾乎不會讓女方感到委屈，加上又有努力改善環境、照顧家人的目標在，所以雖然人人的日子都過的苦哈哈，但是婚配上倒還人人都能有所選擇。

可是現在的女性則完全不同了。男女平權徹底展現下，她們比同年齡的男人更積極的在社會上嶄露頭角。女性大幅度提升了她們的社經地位，無論學歷與收入都比上一代要高得多。可是職位與薪資在任何社會上都是「有限的資源」。既然女性地位往上升，原本佔據這些位置的男人，也自然在收入以及社經地位的部分就向下沉淪了。連帶的，讓80分女生能認同的優秀男人，比例更就逐步下降。

更糟糕的狀況，在於大環境的整體經濟狀況更是一路走下坡。工作機會減少、競爭大增、普設大學後的學歷貶值、加上男人出社會較女性晚，造成很多男人在進入三十歲時，還沒有在事業上能有所突破。經濟弱勢造成他們缺乏自信，懷疑自己養家的能力，也讓男人把結婚的年紀往後延。

對大部分80分女生而言，三十歲以上往往已經是個小主管了。薪水跟視野比周遭很多男人強得多。在這個狀況下，平凡的男人就算對女方很感興趣，可能也根本不敢主動追求。就算這群男人想結婚，也不覺得自己有足夠的能力負擔這樣的妻子。以至於現在很多男人，要嘛不是非常被動；要不然就是為了鞏固自信心，反而都把目光放在更容易被取悅的70分女生身上。甚至還有一部分男生根本不敢奢望交女朋友，索性把錢與時間花在自己身上，培養興趣、打線上遊戲、或把情緒轉移到動漫偶像上。所以一來一往，能讓80分女生認同的男人，數量其實是隨著時鐘滴答滴答的過去，數量一直在下降。

08 80分女生的新市場策略

既然優質男人的數量在這個時代比優質女性來得少，傳統那種等著男人廝殺競爭的方法也就不再是好方法了。

當然，對90分的女生而言，她們還是可以以逸待勞，也必然還會有男人廝殺搶奪。但對於變成中產階級的80分女生而言，這個策略就顯得非常危險。這也是為何我們周圍超過三十歲，想婚而而未婚的女性，絕大多數都是條件很好的80分女生。她們錯失了黃金時間，又還只是安靜地等待良緣。可是同年紀的男人早已經把目光放在年輕女生或是海外市場上，最後結果自然只會讓人感嘆了。

所以，80分女生是時候該嘗試新的市場策略了！首先，妳應該多了解對手一些，也就是知道男人到底要的是甚麼。再來，要根據市場現實，以更有效率的方式自我突顯。如此一來才能在競爭的環境中找到自己的真命天子。

女人不能繼續等待，因為對於80分的女生而言，已經是處在一個相對飽和的族群之中。雖然妳條件真的很棒，可是實在不能期待在這個時代會有很多條件比妳好的男人拚死命地追求妳。尤其我們也知道，其實條件好的男人是很稀少的。相反的，了解這些好男人在想甚麼，透過正確的行銷方式，在對的時間點、對的方式吸引他們注意，妳絕對還是很有機會能夠在事半功倍的前提下，贏得這場遊戲的勝利。

可是究竟該怎麼做呢？我們會慢慢剖析下去。但我們先來看看，到底男人在愛情市場中，他們要的是甚麼呢？

III

妳不瞭解的他

01 愛情市場規則

經濟學中的市場，指的是買方以及賣方的集合之處。大家根據自己的需求（買方），以及能提供的產品（賣方），議價並求取成交（需求滿足供給）。拉到現實生活中，傳統市集就是最容易理解的「市場」模型。擁有不同商品的許多人聚集在同一處，方便想買東西的人能夠找到他們。

可是市場未必是一個地點，也並非只有拿錢換取物品才是市場。比方說，貨幣市場就是不實際存在的場所，其中交易的標的是拿錢換錢。像以美金來換成台幣，也是一種市場交易。所以，只要一個具備有媒合特性的環境，我們都可以廣義地稱為市場。若從這觀點來看，戀愛當然也是一個市場。

男人與女人有各自的擇偶條件，也會評估自己的能力而選擇要跟誰接近、或不跟誰接近。彼此同時是買家、也是賣家。大家都希望把自己賣個高價，也希望自己不要受騙上當。最理想的狀況，是找到一個比我們條件更好的另一半；實在不行，那至少物色到一位跟自己條件相當的配偶。這其實是我們每個人在戀愛挑選的過程中，都會有的期待。

雖然把戀愛以市場來類比或許有些褻瀆愛情，但回歸現實而言，這樣看待倒也不過份。男女之間為了獲得最有利於自己的獵物，總會進行著各類阿諛我詐的手法。比方說努力在第一次約會的時候裝氣質、誇大自己的條件、對明明不感興趣的話題睜大眼睛聆聽、或是透過明示、暗示、設法在別人心中留下深刻印象。

也因為戀愛如同任何市場，都有資訊不對稱的問題、都有供需影響買賣方態度問題、也有市場定位、市場切割、合宜條件等議題。也因為這是個市場，管理學以及行銷學的知識就能拿來用，也能透過這樣的知識找出合適的市場定位、在最好的時機賣到最好的價格。

不過，要以市場來看戀愛，我們到底需要知道甚麼東西？我覺得要先了解下面四件事情：

1. 供需（市場大勢）
2. 策略（如何應對市場的變動）
3. 執行（把上述行銷策略付諸實行）
4. 檢驗（確認妳有找到正確的標的物、或走在正確的道路上）

第一個該了解的，是妳的客戶到底要的是甚麼。在戀愛市場中，當然就是了解男人到底在整個過程中，他們在尋找甚麼東西。接下來，我們將從生物學以及情感學兩個角度來看看這件事。

02 生物學上的愛情規則

英國知名的演化理論學者理查道金斯（Richard Dawkins）在1976年出版一本在演化學上非常知名的著作，叫做《自私的基因》。在這本書中，道金斯博士以基因做為主角，解釋了生物各類行為背後的意涵。根據他的論述，生物的一切思維或是行為模式，背後的出發點都是為了能讓自體的基因存續（活著）或是延續（繁衍）。不管是細菌、向日葵、倉鼠、老虎、甚至就算是人類，且無論妳我是否有意識，每日作息、進食、捕獵、團體間的合作、求偶與婚配，背後都是希望要促進自身生存的最大機率，並讓自身的基因能透過生殖機制得以長存。

書中提到了一個概念，稱之為「演化穩定策略」（Evolutionary Stable Strategy）。雖然用到策略兩字，很容易讓人誤以為物種會根據大自然的狀況而刻意選擇某種應對方式。但實際上，除了人以外，其餘的物種幾乎很少有辦法採取智慧的方式來應對大自然，大部分還是根據「自身的本能」在行事。

但因為自然環境本來就充滿了危機，所以幾千年的繁衍過程中，個體間不同的直覺與本能會決定誰最終能存活下來。具備錯誤本能的個體，會陸續被大自然所消滅（比方說個體警覺性低動物，會親近向自己靠近的老虎）。但那些運氣好或天生具備正確本能的個體，則能夠存活（比方說遠遠看到老虎會拔腿就跑的個體）。既然具備「正確本能」的個體能被環境保留下來，它們的後代也多半具備同樣的直覺及特性，且有高的機率能繁衍興旺。長期而言，具備高存活能力的個體數量將上升，他們具備的直覺與特性也將廣泛地被散佈。這是道金斯博士所謂「演化穩定策略」（ESS）的意涵：無論基於甚麼理由、無論該生物是否有意識，能持續地做「對的事情」的族群將能興旺。而所謂「對的事情」，指的就是ESS，也是道金斯博士對於「演化論」的詮釋。

好，背景知識到此即可，畢竟我們這本書不是要討論生物或是演化論。提到這一段，主要是想讓妳知道：不管知覺或是不知覺，我們腦中都有被祖先「植入」某些本能。既然妳我都是倖存於自然演化存活者的後代，我們每日的行為、思考模式、碰到事情的直覺反應，除了受到成長過程知識與教育產生的影響外，更有一大半是源自於數千年基因演化下，我們潛意識被悄悄寫入的「行為程序」。

這些「行為程序」會決定我們直覺喜歡甚麼、討厭甚麼，碰到狀況時在第一時間產生的反應是甚麼。比方說看到一個人時首先會先觀察哪裡、以甚麼樣的方式在第一印象決定喜歡或討厭一個人、面對衝突時是逃還是戰、碰到挫折時是哭泣還是憤怒、或是以甚麼樣的方式表達喜歡……等。更重要的是，這些行為程序也導致了男女在求偶與婚配上的基本想法會產生完全不同的做法。

若我們先撇開靈魂層面對於愛情的渴望，異性吸引力的起點，其實是源自於我們的生物性，是來自於「讓自身基因能夠延續」這樣的指令。而這類指令植入在我們非常深的潛意識層級；是大部分人毫無認知，但卻悄悄地影響我們各類決策的一切起源。當然，最終抉擇時、文化、教育、道德良知、心靈層面對於愛的追求、以及生活方式或許還是會主導決策，但背後那生物性的影響力卻是不容小覷的！

所以我們想要了解愛情的遊戲規則，就該先了解DNA在我們自身寫入了甚麼程序。尤其更得了解我們的對手、也就是男性們，DNA又是給他們了怎麼樣的指示；他們到底是以怎麼樣的「演化穩定策略」在面對這遊戲的。

03 女性的ESS

哺乳類動物中，雌性在繁衍過程中付出的成本通常較高。

所謂成本較高，指的是雌性為了照顧幼體所付出的代價比雄性來得大。這包含幾個層面：首先，生產本身就是項高死亡風險的活動。再來，懷孕過程中，母體的移動力降低，但同時還必須取得充分的食物，以提供養分給胚胎。就算能順利產下孩子，也有很長的一段時間母親必須陪在孩子身邊哺乳與照顧。若是處在一個獵食者環伺的環境，拖著一群幼獸的母親，更是增加了自己被攻擊與捕獵的風險。

所以女性對於要發生親密關係這一點，會考慮的事情比男人更多。這也是女性「等待策略」的起點。畢竟女性若要跟一個男人發生親密關係，必須承擔懷孕的風險、以及隨之而來的生存威脅以及時間耗損。若選擇錯誤，別說基因延續了，自體安危都可能無法確保。就算自體安危沒有影響，女性因為同時能受孕的數量是固定的，甚至一生能受孕的數量也受限於卵子的上限。假如不幸錯誤選擇，接下來至少得投資十個月的時間，才有辦法再產生其他子嗣。

女性在擇偶上比男人更謹慎、也較不容易因為帥哥而外顯出心神蕩漾。畢竟對女人而言，長期關係終究涵蓋更多理性的考量，她會觀察與再三確認。確認這個男人的基因優越度、確認這個男人比其他男人更值得依賴、更要確認這個男人對自己有很深的情感涉入，以確保他有能力在自己懷孕及育兒的過程中提供保護，並提供自己以及未來子女充分的保障。包含食物飲水、衣物保暖、居住舒適、以及遠離威脅等要素。唯有這些都確認，否然女性不會輕易接受對方的求愛。

最後，女性因為同時只能因一個對象而受孕，所以長期演化下來的ESS也讓女性僅偏好單一的對象。從道德與愛情的角度來看，當然我們可以有更多不同的解釋，但若從演化論的角度而言，背後的原因，在於女性跟多個男人同時發生親密關係並不會提升基因的散佈機率。反而有可能因為無法辨別幼兒的父親，而減損了雄性對自己的照顧。所以在這樣的狀況下，找出群體中自己能掌握的最強男人（包含體能與外在條件），確認這個男人的忠誠與情感，並跟這個男人保持長期且唯一的關係，是最能確保基因優異，並讓自身存活機率最大化的作法。

04 男性的ESS

但是對男性而言，狀況可就大不相同了。

男性將基因傳遞下去的方式仰賴的途徑是「散佈」。從男人在生理上的發展，就可以清楚發現，他們在生殖上並不是以準確射擊為核心策略；反而更仰賴「以量取勝」。就算在同一次親密關係中，男性也是以大量的精子，以一擁而入的方式、提高最終精子到達卵子的機率；每次產生的精子數量非常大量，但最終也僅有其中一隻精子能與卵子結合並孕育新生命。

既然男性的生殖機能是「以量取勝」，求偶的行為模式很自然也會產生類似的行為。因為沒有懷胎問題，所以對男性而言最能達到基因散佈的做法，就是讓自身的精子能跟最多的卵子結合。這也導致男性有很高的誘因會希望跟多名異性產生親密關係。當然，我並非說男人這種企圖是對的。只是女性必須理解，這是DNA在男性本能上給予的指令，也導致了男人在性愛上普遍不如女性忠誠的傾向。

雖然我們最終可以用道德、法律、以及教育的方式來控制男人的這項本能。但遺憾之處在於，就算男人有女朋友，甚至是已婚身分，他們對於其他女人的「性」趣也絲毫不會降低。

講到這裡，或許妳認為我在為同性開脫。但我要提醒的是，在這本書中，我盡量希望排除道德的訴求，而僅呈現實際的狀態。因為不管道德上對於男人的性慾有著怎麼樣的觀點，那樣的本能確實存在著。無論我們喜歡也好、討厭也好，這樣的生物本能是會控制妳的對手、也會在背後默默影響他們的思維。指責與排斥並不能解決問題，理解背後的原因與對應產生反制策略，恐怕才能提高自己的勝率。

至於在對象選擇上，女性因為生物演化的因素，通常會傾向選擇強壯、有能力提供自己以及未來子女充分保障的異性。但男性因為沒有懷孕過程面臨風險的問題、也通常不需要直接照顧幼兒，所以本能上僅會以「對象的繁衍能力」作為考量。這包含幾個層面：女方的容貌與健康會影響子嗣的外在，所以男人喜歡健康有活力的美女。

另外「年紀」也是兩性在基因繁衍上會產生明確差異之處。女性會覺得老男人一樣有魅力，這是因為男人就算到了五十、六十歲還是具備生殖能力，所以女性腦中的DNA程序並不會避開跟老男人發展親密關係的可能性。可是女性超過一定年紀後，受孕率降低、順利生產的機率下降，也因此，本能上男性會喜歡年輕的小女生。這並不完全是他們性格差勁，而是腦中程序會希望他們優先跟受孕機率較高的異性接近，以確保「散佈」的目標能確實達成。（實際上女性後來也學會了以化妝的方式來反制這種特性。比方說把臉色畫紅潤、遮掩住皺紋，以避開男性這項生物本能）

以上內容是《自私的基因》這本書內容的大致整理。對這議題有興趣的話，可以找來看看，做更仔細的研究。

總之，男人喜歡年輕的女人、喜歡美麗的女子，以及會對身邊經過的女人都偷瞄個一兩眼，這三件事情大概是女人很難扭轉的「特性」了。既然難以扭轉，或許可以試著理解並與之共存。

看到這裡妳可能會想說：「如果年輕貌美是唯一吸引男人的條件，那好像除了整形與化妝外，沒有別的方法了……不是嗎？」

對此我倒是有不同的看法，也覺得不需要這麼悲觀。

男人會因為生物本能而優先注意某些異性，也會對她們心動，可是並不表示男人沒有「理性」。人類相較於其他生物的優點，在於我們除了本能衝動以外，也同樣追尋感性以及靈魂層面的價值。所以最終戀愛成敗的關鍵，其實還是在於心理層面的影響力。畢竟八十分女生通常在容貌外觀上並不輸人，只要不刻意隱藏自己的女性魅力，外貌應該不是輸贏的關鍵。

所以女人更需要知道，男人在情感層面上到底要甚麼，然後在那個關鍵做出差異化。

05 情感上的遊戲規則

對男人而言，交往與婚姻是兩件事。

也因此，雖然美麗的女人在各方面都有優勢，也必然能在第一時間吸引到男人的目光與興趣，但容貌與身材卻並不全然是男人在婚姻市場上做選擇的關鍵。我跟周圍一些適婚或已婚的男性朋友聊過，大家幾乎都一致同意：「雖然男人都喜歡美女，但真正結婚時，並不會特別一定要美女不可。」我甚至也聽過有人說：「結婚的話，還是不要找太美的好，這樣以後比較不會擔心。」（雖然我私下是認為，這種論點稍嫌軟弱了點）

曾經跟某個合作過的導演聊到愛情觀，他提了一段話讓我一直記得。他說：「以結婚來說，只要不是第二天起床看到臉時會嚇到的程度，其實就OK。」後來我發現，大部分到達三十歲前後的男人，隨著他們年齡增長以及感情經驗的累積，似乎都開始有類似的體悟。總之，就我所認識的絕大部分男人而言，在「進入婚姻關係」的決策上，容貌或是身材的分數往往只需超過他心中的「及格標準」其實就可以了。會讓他下定決心要結婚的，幾乎都是「容貌以外」的東西。

這看似跟前面講的內容矛盾，但其中理由卻不難理解，畢竟男生在十多歲的時候受荷爾蒙的影響是非常強大的。年輕男人大部分的時間都在想著怎麼親近女性，滿腦子都是以欲望為出發點的思想。交往的目的也就是希望一親芳澤。可是當男人到達三十歲後，性慾的驅控力不再像少年時代這麼強了，也讓男人終於能更理性的考量生命中其他層面的平衡。像是情感、家庭、心靈的交流等層面的價值，也開始比女性的肉體來得更為重要。

換言之，除非妳的對象是個女性經驗很少的小男生（喔，當然也包含心智上的小男生），或妳只是想引誘男人發生肉體關係，那容貌與身材絕對是個好魚餌。可是若要釣起大魚、要吸引可以發展長期關係的優質男性，那妳絕對無法僅仰賴這單一條件。所以在這章節我要強調的一個論點是：「無法達成理想中的婚姻關係，容貌其實不是關鍵；反而多是容貌以外的問題」。（當然，容貌還是要過低標才行）

再來，在進入談到穩定交往與婚姻這件事情之前，我倒想先談談男性對男女關係上的幾項心理分類。因為這對很多女性而言，恐怕也是從來不曾理解的一個重要事項。

06

男人在男女關係上的三大心理分類

大部分男人眼裡的男女關係，不是一個直接的分類、而多是同時有三個特性，卻具備不同強度的情緒。它們可以被界定成三大分類，分別是：

—肉體關係
—激情關係
—安定關係

這樣講或許有點抽象，所以我們可以試著繪製成下圖的三角形：

當然，實際上並不是三個邊擇一就算分類完成，而是男人在認識一個女人的同時，會在他心裡的這個隱形三角形上分別給予不同的分數。概

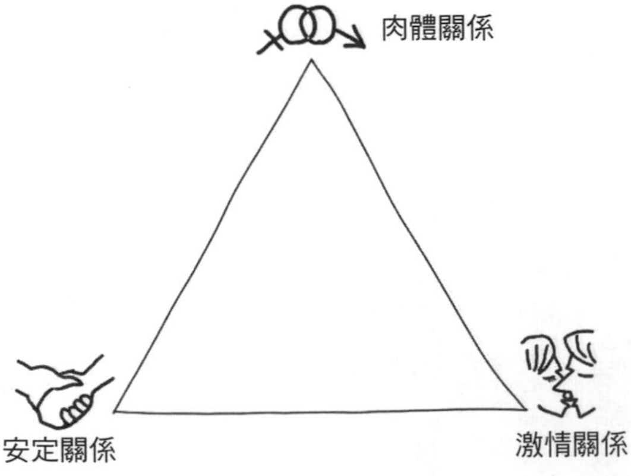

念上妳可以把男人對女人的情緒畫成下圖這個類似雷達圖的東西。

不過並非一定要畫成雷達圖。一來是因為男人可能未必能清楚的把妳們關係量化出來。二來，這整件事情的重點其實並不在於總面積，不是面積大就好。更不是總積分，並非誰分數高就勝出。關鍵反而在於要辨識出分數最高的是「哪一個邊」。

為何要辨識分數最高的是哪一邊呢？因為初始分數所造就出最長的那一邊，將會是男人從此構築並界定妳們關係的心智模型。甚至一旦在他心中為你們的關係下定論下，男人可能會以完全不同的態度來面對妳。但在談論心智模型之前，我先來說明一下這三大方向到底代表甚麼涵義。

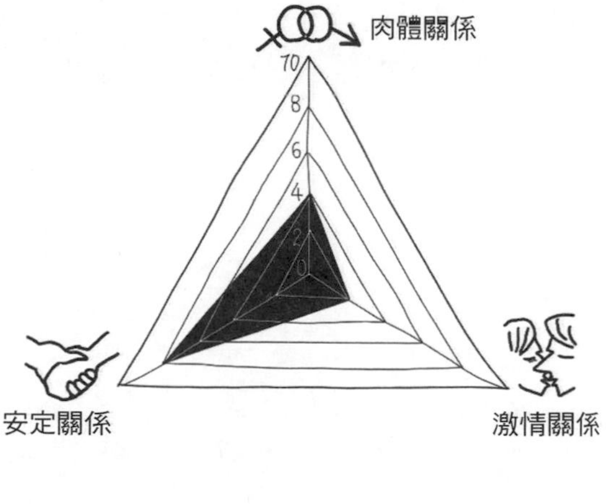

07 肉體關係

肉體關係或許沒甚麼太多值得一提，構築的基礎也沒有深奧之處。基本的定義，就是男人僅是因為肉體的慾望而跟一個女人保持持續的互動。雖然兩人或許還有肉體以外的情緒互動，但這段關係對男人最強的牽絆，卻僅在於肉體的興趣上。有些女人可能認為，怎麼可能有這樣的關係？畢竟女性通常較不會純粹為了肉體的理由而跟男人交往，但男人在這件事情上卻「單純」得多，他們確實有可能單純因為喜歡一個女人的肉體而跟她來往。可是肉體的喜歡卻不表示其強度能讓他有意願跟對方展開思維或靈魂上的互動。

當然，有時候男人也並非只是想佔女人便宜。也可能男人碰上了一個美麗的女人，可是心靈上兩人卻始終難有共通點。這時候、也可能一方面他無法割捨她的美麗，另一方面又苦惱於兩人心靈上的距離。最後也有機率會演變成另一種只有肉體作為牽絆的關係。總之，這樣關係的連結度通常都很脆弱。畢竟以肉體為唯一興趣的男人，終究會轉移興趣的，女人也無法以此長期吸引一個男人的關注。所以若被界定成是肉體關係的話，那對女方而言將是非常不利的！

08 激情關係

「激情關係」指的是一種，男人愛妳愛到無法自拔的情緒。

這聽起來很棒不是嗎？所有女人都希望男人能這樣愛自己，甚至有些女人還會刻意設門檻來測試，以確定自己的男人到底願意為了愛情犧牲到甚麼程度。可是「激情關係」乍看起來似乎很棒，可是其實它卻危及了男女情感的長期穩定。因為那是一種熱烈燃燒卻很容易把能量耗盡的行為。

人生不是電影，轟轟烈烈的愛情並非隨著落幕「The End」兩個大字就能結束。兩人轟轟烈烈了一段、卻要轉變成平淡安穩的生活，這種轉換通常是很困難的。最後要不是一輩子吵吵鬧鬧、分分合合，不然就是男人會希望把過去犧牲的一次拿回。這個概念我在後續講到「檢驗」時，會再回頭來談激情關係所造成的風險。

在這裡，我倒想多花些篇幅來談談激情關係的產生要素。讓妳能了解，到底甚麼特質會讓男人產生「激烈的愛」。

特質一　不能放著不管

對於激情，一般人會直覺想到的如美麗、青春、性愛契合度、偷情、冒險、或是刺激等字眼。但我得說，那些其實都是枝節性條件。我不否認這些是其中一部分的構成要素，但要讓男人愛妳愛到咬牙切齒、奮不顧身、激動、脆弱、痛苦、甚至要很長時間對妳無法忘懷，其實只有唯一的一個條件，那就是這女人必須要有「無法讓人丟下不管」的要素。沒有這項要素，不管妳多年輕、多美麗、多可愛、多溫馴、多聰明，妳都無法讓男人真正的瘋狂。

說來似乎很好笑，但男人對那樣的情緒可以說是毫無抵抗能力。具備「無法讓人丟下不管」到極致的女性，甚至根本不需要主動跟男人撒嬌或是要求。光是她的生活方式和價值觀就會讓男人覺得：「若自己不理她、放著她不顧，她會走向自我毀滅、會無法生存、會墮落、會被其他男人欺侮。」楚楚可憐、柔弱、無辜、或毫無自覺的走向毀滅，這些都會勾起男人潛在的英雄主義。覺得好像如果沒有自己的介入，她會被社會欺凌、被生活壓垮。就算男人明知她不是好人、不愛自己、有黑暗面、墮落、或明知道自己救不了她，一旦女人讓他覺得放不下，就會讓男人魂牽夢縈，把心思都放在她身上。這個能量若足夠強大時，甚至能成為一種近似飛蛾撲火，強大到甚至把當事人自己也完全拖入的力量。引發激情的黑暗力量，是我一直覺得很恐怖的東西。

最典型的範例是《第凡內早餐》（Breakfast at Tiffany's）奧黛麗赫本所飾演的女主角。我在看那部電影的過程，其實非常膽戰心驚。因為她把內心柔弱、無助到不知所措，卻在外表強硬裝作無所謂的模樣，展現得讓人印象深刻。她把明明需要情感依靠、明明對明天毫無掌握，卻裝著不在意、假裝自己能快樂活在當下的矛盾情感演得入木三分而且牽動人心。男主角的反應更是非常經典。完全就是那種「明知道自己介入也無用，但就是無法丟下不管」的傻男人。我真無法想像，若有這樣一個角色出現在現實之中，會是如何的擾亂生活與人生呢？

附帶一提，我這裡所謂的激情，指的是那種會讓人想奮不顧身、放下一切、飛蛾撲火的感情。而非只是年輕人因為初識情愛，對於戀人想二十四小時膩在一起、滿腹濃情密意的少年之愛。若還是覺得難以理解，妳也可以試著從一些文學著作或電影中，來試圖理解。除了上面段落提到《第凡內早餐》，《北非諜影》的女主角、香港電影《門徒》吸毒上癮的那個媽媽（阿芬）也符合這種模式。文學作品中，村上春樹《國境之南》的島本，張愛玲《紅玫瑰白玫瑰》筆下的玫瑰，也都是這個類型的呈現。

特質二　得不到的挫折感

另一種不一樣的模型，在於男人長期追求一個女人卻始終得不到時，會開始產生自我欺騙的情緒。他們會不斷地告訴自己，這女人就是我一輩子絕對不能錯過的人，是這世界上最值得投資的無價之寶。越被拒絕、他們越會把情緒涉入放得越高。最終有一天「不甘心」的心情會接手主導這整個過程。他的行為會越發激烈、表現越投入、越想要犧牲奉獻給他的所愛，最後將瘋狂地陷入一個「不能沒有妳」的情緒中。不過如同前面提到，這其實並不是好事情。女生也不該以此為指標辨識長期交往的對象。甚至這種「瘋狂愛上妳」的男人其實是不該交往的對象。至於原因我們將在後面的章節再慢慢討論。

09 安定關係

安定關係顧名思義就是男人以建構長期家庭生活為主軸的一種心理態度。他會跟妳發展一種雖然不激烈，但穩定、能兼顧愛情與親情、並能長期持久的親密關係。這樣的關係雖然不會讓人瘋狂、不會讓兩人在雨中狂奔、在暗夜哭泣，卻是能讓婚姻持續多年的重要情緒。不過，要讓男人以這樣的情緒跟妳發展關係，卻有些基本要素……

安定關係的構成要素

許多年來，我常問一些結了婚的朋友，他們伴侶最吸引他們的地方在哪裡。不過得到的答案可說是五花八門、各不相同。一些例子如：

「她菜煮得很好吃。」

「顧家、愛小孩，把家打理得很舒服。」

「讓我覺得很自在與放鬆、可以放心打拼事業。」

「個性很好、很溫柔。」

「乖巧、很體貼。」
「一路以來都很了解我。」
「我們興趣相通、價值觀很類似。」
「出門很大方得體，但在家裡卻又很溫柔賢淑。」

乍看下來，似乎讓男人引起婚姻興趣的因素還滿發散，甚至可說是毫無共同點。有些是「技能性」的能力、如煮菜、持家。有些是「性格面」的東西，如個性、傾聽、溫柔體貼等。有些似乎又是「靈性」的理解與興趣。有些則可能是「成長性」的互補與生活價值相通。

除了發散外，這「田野調查」的內容恐怕在某些讀者眼裡也顯得毫無特別。因為內容並不脫大部分人對於男人選「妻子」的刻板印象。朋友間口耳相傳的提醒不說，坊間一些教人戀愛的書或女性雜誌裡大概也都有寫。很多人甚至恐已經試過以「學手藝」的方式，學會了如煮菜、或是裝乖等技能。

大家也必然很快會發現，學幾手這類的技能並不構成得到愛情或是婚姻的門票。表示這些陳述不是正確答案嗎？表示這些男人騙人嗎？

他們確實沒有騙人，只是他們也沒完整的給出答案。因為連男人自己都沒意識到，講出來的這些條件其實只是表層的理由，真正驅控他們結婚的根源因素，其實是背後另一個更深層的東西。

如果上面那串落落長的清單不是根源需求的話，那到底男人要甚麼？到底甚麼是會讓男人有興趣開始建構一段「安定關係」的關鍵呢？我覺得，男人會主動想建構一段安定關係所要的關鍵因子，恐怕是「安全感」這三個字。如果妳能在兩人認識的初期，讓男人判斷出妳能帶來這樣的東西，或能在熟識的過程中逐步加強這樣的印象時，妳就能讓男人有意願跟妳發展一段穩定、而且長期的關係。最終，這段關係將極有可能會往婚姻的路上走去。

這答案讓人意外嗎？我想也是，所以我將更詳細地說明這一個概念。

對大部分人而言，安全感似乎是女人才在追求的東西。但男人其實沒有妳想像的這麼堅強，他們也需要安全感。實際上，安全感的欲求本來就是人類共通的渴望，只是反映出來的方式不同罷了。相對於女性，目前男性在社會上所承受的精神壓力相對還是較高的。無論是工作、成就、社會地位、對於異性的追求、或是對於家庭的責任，除非男人根本逃避結婚，不然最終總是得承擔這些事情。就算現在還被父母保護得很好的男孩子，也還是清楚將來若要結婚，女方對於他的角色期待。

部分女性還有可能透過婚姻轉嫁這些壓力，也不會因為無法取得養家的經濟能力而飽受非難。但男人非但無法逃開、還必須主動追求且獲得成功。甚至光就以男女交往這件事情而言，女人通常還是站在較被動的位置、也擁有較高的「性支配權」。但男人必需「求愛」，必須忍受被羞辱或是被拒絕的風險，或是不斷在失敗中重新嘗試直到成功為止。更別提其他如工作、立業、養家、或是社會角色扮演等壓力。所以身邊若有個貼心解語、能放鬆情緒的對象，來提供他支持與心靈安慰，這對很多男人而言是很重要的一件事。

再來，大部分的男人，不習慣也不願意洩漏情緒與情感、更無法公開承認自己的軟弱。換言之，男人在壓力釋放上是很笨拙的。以至於他們常常把過多的壓力往內心放。可是呢，不習慣表露情緒，並不表示他們不需要壓力釋放；也不表示他們不需要一個能夠讓他們情緒上顯示脆弱之處。所以男人安全感構築的根本基礎：一個讓男人在心理上能相信、能仰賴的女性。

男人所渴望的安全感，跟女人渴望的安全感最大差異之處也就在此。驅動女人結婚所需要的「安全感」往往是保護與生存所需的具體特性，比方說智慧、才能、力量、社會地位、金錢、權力、或物質等；而男人需要的「安全感」卻更著重於精神上支持的力量。

比方說，疲累一天後回家有飯吃。在外面生氣、吵架、鬥爭後，有人能理解與關心。可以放下面具與武裝，露個肚子睡覺也不會被討厭。或是萬一失業也有信心不致於會失去一切，知道自己背後總會有人支持著，就像李安的妻子支持他在電影路上築夢一般。其餘當然也包含了不用恐懼、不被背叛、能被認同、被信任、被喜歡、與被重視。

追根究柢，男人需要的其實是「被信賴」與「被肯定」。能讓男人願意發展穩定關係的女人，必然都能讓他產生這兩個心理認知。一旦男人覺得有被對方信賴、並被對方肯定，就會逐漸產生安全感。這也是為何這些條件如「大方大氣」、「溫柔賢淑」、「乖巧聽話」、「善解人意」、「思想相近」常被提及的緣故。並非男人需要特定技能，而是帶有這些特質的女生多少擁有所謂「心理療癒」的效果。她們能降低恐懼感，能讓人情緒的鬆懈、能讓人不用武裝與害怕、也意味著跟她們交往，有較高的機率能從長期關係中得到某些男人無法自身取得的東西。

甚至有人會在男人面前裝笨或是裝乖，其實也是一種操弄男人安全感的「手段」。有時候男人的自信心太低時，確實他們會以展露力量、或蠻橫的支配性來呈現並掩飾這種需求。所以裝乖或裝笨讓他覺得高人一等，的確是一種創造他安全感的手法。只是這又實在太權謀或是操弄了，而且心理太過軟弱的男人也未必是個好的結婚對象。

說到這裡，對男人安全感的營造、恐怕是很多80分女生在戀愛上的一大弱點。80

分女生雖然普遍條件很好、打扮精緻、充滿知性、也能力卓越，可是在成長過程中可能從來沒有想過自己是否有具備「讓男人感到安心」的特質（或手腕）。

如同前面章節所述，這時代的男人普遍弱化了。過去因為男女於社會地位上的差異，女性較少得到經濟自主，男人光是做為一家之主並提供家人溫飽，即足以構築大部份的自信心，並讓他覺得自己重要。所以那個時代的女性，並不需要太多技巧就能在戀愛或婚姻市場上取得成功。但是，隨著女性地位的大幅高漲，男人在兩性關係中的自信逐漸降低，男人也越發顯得怯弱。

此外，隨著女性地位越加高漲之際，男人從婚姻中得到的「實質價值」更是逐步減少。封建時代時，男人娶妻至少還確保有人在家洗衣煮飯帶小孩。但現在，結婚並不代表有熱騰騰的食物，不一定有人打掃與等門，更不一定有乾淨的衣服與環境。加上女性經濟獨立，男人必須要有更好的表現才能維持住一段婚姻，甚至還得十分戒慎恐懼的過活。因為萬一有些缺點被發現導致對方訴諸離婚時，搞不好光是財產分割與贍養費就會把自己逼到發瘋。在這樣的環境下，一旦男人從婚姻很難得到甚麼決定性的東西，但對方反而充滿籌碼，男人自然顯得小心翼翼且甚至有所逃避了。

這也同時解釋了為何現在這時代有越來越多的男人「根本性的恐懼婚姻」，或是不敢追求條件不錯的80分女生、而寧願去找他能完全控制的女性。若說這是一種懦弱的表現也可以。但從他們傾向選擇更加弱小的對象，就很明確的可以看出，這就是一種需要信心建立以及缺乏安全感的舉動。其他如逐漸增加的草食男現象；女大男小的搭配；或是躲避真實女性、僅從2D圖象中尋求慰藉的二次元宅男文化，都可以看出男人在這時代的擔憂與恐懼。

總而言之，男人其實比妳想像的懦弱且脆弱的多。很多女人不理解，大部分的男人其實在心理上是膽小與脆弱，也隨時在跟其自身的恐懼對抗著。男人又通常比較不善於情感揭露，很難自在的在眾人面前流淚，不願意示弱，也常常不願意承認自己的恐懼與憂慮。所以誰能讓他心理面有所依靠，安定關係的基礎即能由此紮根。

我們因此獲得甚麼啟示呢？

我覺得戀愛跟銷售是一樣的事情。除了不斷的提升產品特性（條件），妳還得去了解到底客戶需要甚麼。若只是悶著頭做出最好的產品，卻不理解客戶對於這些功能是否給予相同的價值時，這產品最終是可能叫好不叫座的。可是反過來，我們若以客戶的觀點思考，能「解決客戶的問題」，就算是簡單或略有瑕疵的商品，也可能在市場上大賣。

雖然每個人都不免以自己的角度來與世界產生知覺，而會覺得「明明我這麼優秀，為何好男人都不來追」。可是戀愛這件事情畢竟是一個雙方彼此追尋與試探的過程。妳有妳認知的價格、有妳期待的好男人，可是好男人也在做著類似的事情。

如果別的女人比妳更理解男人的需要，能夠讓男人很簡單的放下防禦、讓他們覺得相處自然、有話題聊、舒服、毫無壓力，可以越來越不需要偽裝，那這些女人就會更受歡迎並有優先挑選的權力。

不過、有些女人從來沒想過這種事。她們過度高估了自己的價值，並給予男人剛好相反的感覺：尖銳、可怕、有所圖謀、壓力、壓迫、不信任、極度猜疑、甚至讓男人覺得讓她了解自己，恐怕是種極有風險的事情。兩相比較下，這樣的特性就會縮減自己的機會了。不管一個男人看起來是多高大威猛、多有社會地位、多有肌肉與頭腦，他在情感與心態上還是「需要被支持」的，也需要有個情緒放鬆的避風港。

妳若還有些懷疑，可以想想這件事：一個女性團體中，最受歡迎女性或是最快能進入感情穩定關係的女人，大多是那些安安靜靜的中等美女。她們常常不是團體中最美、最豔麗、條件最好的女人，也常常未必很聰明，可是這類所謂中等美女多有幾個特色：安全、善體人意、不會給人極大壓力、溫柔婉約、善於傾聽，也因此，男人更是願意跟她們發展長期關係甚至結婚。

所以，跟男人交往時，除了考慮自己要甚麼外，也得想想自己能在心理上帶給對方甚麼東西。就算不能讓對方安心，至少別激起他的恐懼感。若交往過程中都無法讓人放下武裝時，又怎麼可能會讓男人想變成穩定又長期的牽絆呢？所以，誰能讓他們覺得在「情感上提供最高度的支持」，誰就能讓他們有意願發展長期性的穩定關係。男人要的安全感並沒有太深奧之處，不像力量保護或是金錢需要有本事才能展現。情緒上的支持與恐懼的排除，並不這麼難以達到，只需要了解他最脆弱的點在哪裡，小心的加以支持，往往就有極大的功效與回報。就算妳不願意這麼權謀，讓妳喜歡的人了解妳對他的關懷與在意，一樣也是好事。

10 愛情裡的關係雷達圖

至此，我們講了三種關係的差異以及各自構築的要素。但僅是了解三種關係還不夠，還有兩個重點是讀者必須要記住的。

重點一　初始分數所造就出最長的那一邊，將會是男人構築並界定妳們關係的心智模型。

所以妳必須在展開一段關係時，要小心不要從錯誤的關係開始。

重點二　模式一旦定型之後，要跨模式幾乎是很難無痛切換的。

若男人一開始是因為肉體慾望而跟妳構築關係的，除非生活或心理上有重大變動，不然很難將其轉換成其他關係。就算激情關係與安定關係看

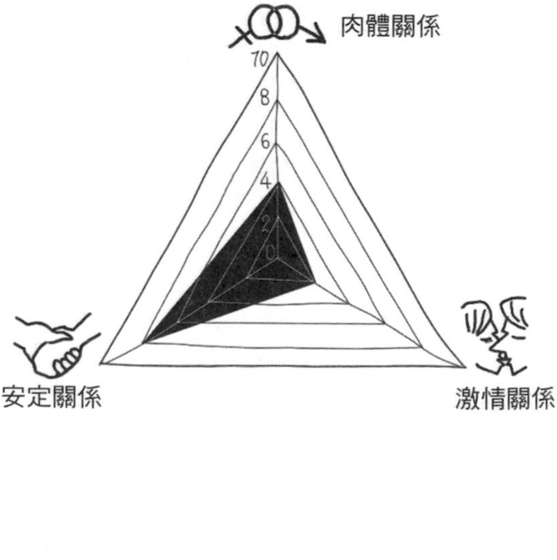

似類似，但轉換上還是涉及日常生活適應等問題。穩定平凡的感情不會突然激烈起來；激烈的情感要著陸，其實也沒想像的這麼容易。越是愛得激烈到不可自拔的關係，最後鮮少能有好下場。畢竟激情關係充滿了對抗不可能與各類限制的情緒在其中，一旦變成婚姻或是長期安定的交往關係下，日常生活的柴米油鹽將反而對彼此都是打擊。

所以不要用不正確的模式去展開你們的初始關係。因為幾種情境的構成要素差距太大，對方主動切換模式的機率是幾乎不值得期待的。

最後，幾個本章重點的回顧：

1. 男人生物上的本能是傾向於散佈，所以天性上就容易受美女吸引。
2. 年輕女性代表較高的生殖能力，男人無法避免的會覺得她們比熟女更有吸引力。
3. 但回歸理智與情感面上，男人在婚姻這件事情上其實並不僅考慮美貌。心理上的因素更重要。而這心理因素，就是「安全感」三個字。
4. 安全感是讓男人願意放下武裝走入長期關係的關鍵要素。

5. 但男人還是容易受激情或是肉體因素影響，所以若妳想跟一個男人走入婚姻，別讓他以肉體關係或是激情關係來定義妳們的關係。

至此的結論是：**女性必須要在正確的時間區間內、吸引男人、創造充分的安全感，讓他們以建構安定關係的心情來開啟兩人的關係。這是取得優勢的一大關鍵。**只是這該怎麼做？我們將在下一章，來談談為了達成這樣的目標，女人到底可採取甚麼樣的策略。

Ⅳ 愛情市場策略

01

妳是個好女人，但是……

一路寫到這裡，妳應該很清楚的知道，想要成功找到適合穩定交往、優質的男人，光靠緣分是不夠的。

適婚年齡的男人雖然很多，但其中稱的上優質的男人卻非常稀少。而男人又因為受限於生物本能的控制，會優先注意能增加基因繁衍機率的異性，而且這個注意力僅在一定的時間區間中。要是我們沒有好好的掌握這段時間，讓他們注意到自己，並把這個注意力透過信賴與肯定，轉成心理層面的安定關係，那麼隨著時間流逝後，他們很容易會把目光往更年輕或是更能讓他們感到安心的族群移去。所以，女生對於時機的控制、以及價值的展現，其實會大幅影響這場遊戲的勝率！

千萬不要有「我是個好女人，怎麼會沒人要」的心理認知。也千萬別以為自己條件不壞，「最後」總會有人注意到自己。因為在這時代，80分女生是目前越來越龐大的一個族群，「好女人」將只是進入市場的基本條件罷了。若只是因為自己是個好女人就僅是默默等待被男人注意，或是相信緣分會安排Mr. Right在某個街角相遇，那就真的太不切實際了。我一直相信幸福是可以靠自己的力量來爭取，而不需要把一切都委由命運。

所以，為了自己長期的幸福，女生必須要盡早有所行動。至少要如同上一章的結論一般：要在正確的時間內、吸引男人、創造充分的安全感，讓他們以建構安定關係的心情來開啟兩人的關係。所以，一切成敗的重點，便可以濃縮在這八個字之中：數量、時機、定位、主動。

可是要怎麼具體的做？

我的建議，是女生應該在策略上理解下面這五大點：

1. 好的包裝，以掌握第一吸引力。
2. 適當篩選，但不要過度篩選。
3. 控制期待，降低成交後的後悔情緒。
4. 主動行銷，才能有超額報酬。
5. 增加母數，在曲線急墜前脫離遊戲。

若能正確掌握這五種策略，將能讓自己的競爭力增加，也能有機會比其他80分女生更顯突出。當然，也更能避免讓自己走上敗犬之路。

接下來，我們來談談80分女生應該要學會的五大策略。這五大策略能幫助妳有效面對目前市場不利於女性的狀況。讓妳能吸引目光，挑選正確的交往對象，降低男人的恐懼感，並以正確的方式接近男人。最後，女生要學會正確的觀察方式。畢竟女生的精華歲月有限，如何找出自己的價格高點，將決定自己在戀愛市場的成敗。

02 打破「妝扮自我」的迷思

在前面男女生物本能的章節中，我們提到了從基因演化的角度而言，男人的求偶策略總是傾向於優先注意合適生育，且有優良基因的異性。也因為這樣的本能，男人總是被那些年輕貌美的女性所吸引。不過老實說，這知識其實也沒甚麼了不起的。以一個二十五歲以上的女性而言，其實大多很清楚哪些東西能迅速地吸引住男人的目光。美麗精緻的臉孔、緊身服裝帶來的誘人曲線、露出肩膀、鎖骨、乳溝、或是平滑漂亮的大腿、絲襪、高跟鞋，髮型部分可能見仁見智，但用橡皮筋綁的馬尾肯定不是會大加分的方法。

是，妳知道、我知道、大家都很清楚；但重點是，很多女生是不屑如此的。她們堅持自己的路線，堅持自己的打扮與展現方式，甚至刻意壓抑能引起別人興趣的裝扮方式。能綁起頭髮時，不放下來；能不化妝的場合，脂粉不施；能穿運動服出門，何必穿裙子甚至絲襪呢？因為她們心裡有個小小的期盼、或是某種抗議的心情：「如果我是個好女生，我自然應該會被真命天子所注意到；如果那些男人無法注意到我的靈魂，他們必然是膚淺且不值一顧的」。

但可惜的地方在於：內在條件最好的女性，並不一定總能得到最多的愛情機會。

人類的求偶行為，在哺乳類動物中呈現一個很獨特的現象。在大部分哺乳動物中，都是由雄性展開追求的動作，這點在目前大部分人類社會中也還是如此。可是動物的雄性，為了要吸引雌性的注意力，所以通常會有特別的特徵。譬如孔雀的長尾巴、熱帶魚鮮豔的顏色、雞的頭冠、雄鹿的巨角、天堂鳥的羽毛、或是其他的生理特徵。而雌性在外貌上反而顯得平淡且不受矚目（目的也是受孕時降低獵食者的目光）。

可是人類剛剛好在這點上完全相反。明明是男性主動求偶，可是女性卻得花很多心思在外貌打扮上。一方面女性自己喜歡漂亮，另一方面也確實是要以此讓男性能注意到自己。而且隨著時代推移，女性在這部分的投資更是直線上升。早一百年前，女性雖然化妝也打扮，但服裝卻相形保守。可是現在滿街都是熱褲辣妹、領子的開口越來越低、彩妝越來越精緻、露背露肩也早已司空見慣。很顯然的，雖然大部分人沒有意識到戀愛市場的力道變遷，甚至更不理解背後的原因，但是很多女性還是採取以更搶眼的裝扮來試圖提高異性的注意力。換言之，吸引目光以增加曝光率的競爭，其實早就悄悄地在不斷加溫著。

有些人知道、也善加利用。但是另外一部份的女生，雖然理解這個手法的效果，卻刻意迴避這個方法。她們抱持的觀點是：「膚淺的男人、無法看到真實的靈魂價值」、「我才不要跟那些眼裡只看見女生身體與外貌的男人交往呢」！

這當然是一種見解，也是一種選擇。可是如同我們前面提到，男人在本性上就是容易被美女所吸引。第一眼注意的也必然是美貌與身材。可是，男人並非不會注意女人的靈魂，在安定關係上，真正能鎖住他的，也真的就是女人內在的特質。所以若妳不願意先屈就於男人本能上的關注力時，內在再好，很可能也將無用武之力。就如同賣東西一樣，不管東西功能再完善、品質再好，如果根本沒有顧客走進店裡，這項產品連最基礎的能見度都缺乏之時，這些優點又有甚麼用呢？

如果明顯沒有客人了解這項產品的優點，那麼增加產品的「曝光率」其實才是關鍵的第一步。事實上，如果我們用心觀察，會發現那些深受異性歡迎且總是追求者不斷的女性中，她們知道如何技巧性的展現自己的美，而取得更多的優勢與價值。那些知道如何利用自己本身特質的女生，通常也能增加接近自己的男生數目，而從中選到優質男人的機率自然大增。

若妳無法讓男人對你留下印象，進而想來追求妳，要碰上優質男人，那麼運氣就得非常好才行了！別忘了，80分女生在這個時代面臨了前所未有的競爭。有大量優質女生的供給，可是優質男人卻成為珍貴資源。若要吸引到這個族群的注意，就得盡量在第一時間抓住他們的目光。越多人注目到妳，就越有可能從中挑出一個條件好、且能跟妳契合的對象。所以策略上妳必須採行的第一步，就是增加曝光，盡量多認識一些男生。

但我相信，就算闡明這樣的概念，還是有人會堅持不願意「對市場投其所好」。因為她們覺得這樣的妥協就是降低自己的格調，她們覺得刻意打扮是一種捨棄自尊並扭曲自我的表現。

一些論點可能類似如此：

「我覺得我不需要降價求售，因為我很好。」
「我不覺得我需要改變，因為我有更多外在看不到的價值。」
「我不覺得我需要去討好或是追男人，因為我是女生。」

雖然這樣的陳述我完全理解，可是我想強調的是，大部份的妳我，在很多別的層面上面難道不是做著類似的事情？

像我從小也稱不上喜歡讀書與考試，但為了長大的生存與社會融入，我也「扭曲著所謂自我」這樣的東西，逼迫自己放棄玩樂並用功讀書，最後可能也變成了自己不認識的人。撇開愛情面不談，把自己打扮漂亮、穿上套裝、假裝精明幹練的樣子、聽主管的話、做著妳不一定喜歡的事情、寫些虛情假意的報告、拍客戶的馬屁，這不也是一種膚淺、自我貶低、迎合權威的情境。如果在人力市場的那樣表現是妳可以接受的，為甚麼回到生活的另外一面，也就是婚姻市場的表現上，突然自我堅持就變得非常重要，人就開始不能妥協、或是極度的理想主義了呢？

別誤會我。我並非要人轉變自己去委曲求全的迎合妳覺得無法接受的價值，但這件事情上的重點並不只是迎合這麼簡單。重點反而是要能去探索「為甚麼」自己無法迎合。

除非妳是完全反對任何主流價值的人，否則為何「只針對」這件事情有這麼強的反抗性呢？人不會毫無理由、或是毫無必要的展現反叛的性格。會這麼做、會這麼堅持，總有你自己也沒察覺到的原因。而這原因居然能強大到讓人寧願寂寞、寧願承受社會壓力，也堅持不願意改變自己。

所以，原因是甚麼呢？

我觀察到的是，一般會反對市場趨勢到某個極端的人，都有根源的「心理枷鎖」。這個「枷鎖」強大到會把自己綁在一個在理智上堅持反對的位置，甚至很多時候這個心理枷鎖強大到連自己都不知道它的存在。但不了解原因，就跳不開心理枷鎖，也就解決不了問題。更糟糕的事情在於，身陷其中的人，她們反而在情緒上，比任何一般人更需要「愛情上的成功」。

據我自己觀察與分析，會處在這種情境的人，大致可區分為下面幾個原因：

1. 過去的失敗
2. 自信心低落
3. 逆轉勝的渴望

她們堅持的點不同，但卻都不約而同的從潛意識上反抗市場機制，希望能透過「逆勢對抗」的方式，得到自己想要的結果，並藉此來獲得「自我肯定」。

過去的失敗類型

這類型的人通常在過去曾有一段或是多段超過一年以上的長時間戀愛關係，並在這樣的戀愛關係中受到傷害，而產生了躲避的心理。她們一方面屈服於社會價值觀的壓力下，認同自己應該要開始新關係。但同樣的，她們卻也恐懼著另一段關係的出現。她們擔心新關係是否能順利，也憂慮萬一同樣的經驗又重現那該怎麼辦？所以最明顯也最立刻的反應，在於她們採取一種極端被動的態度。避免自己視覺上與身體上的吸引力，並在意識上把自己推到一個守勢的位置。

「我的優點若能透過隱藏的方式還被某個男人發現的話，這段感情應該就是天注定的。那我就有勇氣再嘗試一次。」

「但如果我自己主動去誘惑並展開一段新的關係時，萬一又不順利，那對我自己的打擊是很大的。」

「我讓自己躲著，讓自己不顯眼，讓別人來發現我、接近我、認同我。萬一順利，表示他是真的理解我的人。但萬一又是不順利時，我也不會破壞到自我認知、不會破壞我對自己的評價。因為壞人是對方，我只是被動的受體罷了。」

自信心低落類型

這一種類型則是因為自信心的低落。當人對自己有很深的懷疑感或自卑感時，也可能會朝向以這方式來做某種程度的「自我證明」。這類型又多分成兩種。

1. A Type

源自於成長期中的否定感，並產生強烈心理的「補償作用」（Compensation）。這類女生多是在成長過程中對於自己的外貌沒有足夠的信心，而在其他領域上靠著突出的展現，比方說學歷、工作、其他技能以獲取自信。

在這種情境下，會不斷刻意壓抑自己沒有自信的地方，並希望別人因為自己的補償技能而轉回喜愛自己。換言之，她們處在極度矛盾的情境中。一方面，她們當然希望自己那些沒自信、自卑之處能得到認同（也就是希望有人能覺得她很美），她們會非常希望男人喜歡自己的外貌；但同樣的，恐懼感壓抑她們盡量避免凸顯她們沒有自信之處，希望別人轉移注意，可以因為其他「更穩定」或是「更有自信」的部分受吸引。

這裡就又涉及到自卑感到底多深。自卑感不這麼深的，大多只要有個契機（比方說同儕的鼓勵），都能試著在外表上做些改變，也不排斥男人因為這原因而接近。但若自卑心理較嚴重的，內心其實會小小希望「別人可以更注意到我的特長、以及我跟別人不同之處」。也因此會壓抑外表上的顯著性，而希望別人是以她認同的方式來接近自己。

另一種自信心低落的類型，則是源自於對自我現狀的徹底放棄。這類女生大多明確認定自己容貌上完全脫離社會標準太遠，或是已經太長的時間沒有做女性化的打扮。一旦自己做任何改變，會擔心自己感到周圍朋友的詫異甚至嘲笑，與其因此受到矚目並察覺她渴望愛情欲求，還不如徹底放棄來的好。因此就算朋友建議她改變裝扮，她會搶先斥之以鼻：「打扮成那樣幹甚麼？」，結果，常常只敢在閒暇時把愛情的寄託放在戀愛小說或是偶像劇上頭，看著那種《愛上壞總裁》之類的言情小說，並想像著或許哪一天在捷運上會發生甚麼「特殊奇遇」。

但妳我都知道，趨勢是不會變的。人若不試著改變自己跳出趨勢，生命通常也只會順著原來的軌跡繼續下去，大自然並不會自動產生變化的。

逆轉勝的渴望

這大多發生在周圍關切的壓力太大，且周圍人多對自己抱持負面觀點的環境下。一旦結婚變成某種「人生勝利」的指標，當事人常會為了達成目標而在理智上產生某種扭曲。常見的呈現方式是急、直接、露骨且主動；另一種的表現方式反而很極端，她們會退到一個非常被動的位置。可是，退到非常被動的位置，並不表示她放棄了，反而是因為她們要的勝利已經不僅是順利結婚而已了。她們希望的是全面的、包含心理上的勝利與認同，是一種必須讓周圍的人五體投地的勝利。「既然朋友與家人都不看好自己，那我得到的就不能是平凡的接受，而是一種靈魂上，或是深層的認同。我需要的，是另一個人看到我內在的價值，並且因為這個東西而深受吸引。是一種要讓全世界目瞪口呆的愛情或婚姻」，反應出來的態度，有時候甚至會變成某種自大的表現。但這都僅是一種自我保護的機制，或是一種自我支持的心理架構。

「必須讓男人徹底臣服、必須把我極度的捧在手心、必須接受我的所有無理、任性，甚至必須以金錢或禮物的方式來展現對我的認同。」

「但最重要的是，我還是我。我還是以我的方式來呈現與表露我的情緒。」

唯有能達到這種程度的勝利，這才是真正有價值，能讓自己揚眉吐氣的結果。落於中間的，跟完全沒有其實沒有差異了，是不足以讓自己一吐怨氣的。極端的要求與需索，也往往會在這類型的狀態中看到。

大概最常見的是上面的這三種。當然，或許還有些是我沒能歸類於上的心理因素，但若妳對於「行銷自己」有所抗拒時，恐怕得花先時間往內探索，看看自己到底為何抗拒，以確保能找出「根源解」。

大部分的女性受限於社會規範與成長的教育，往往只是把壓力轉換成某種守勢的態度。她們避免去觸碰心裡真正的需要與欲求，被動地接受大家認同的東西，然後在「心理上的某些細節」鬧彆扭。但這類反應既沒實質功效，也沒任何意義。除了讓自己不快樂以外，始終只是讓自己離需要越來越遠。既然如此，還不如好好想清楚，到底甚麼是妳真正需要的？一個男人？一段快樂的關係？一段婚姻？人際認同？心理障礙的排除？或只是單純想得到反抗社會價值的快感？

如果妳真的能夠清楚自己的心理、搞清楚甚麼對自己是最重要的，那妳才能採取對的決策，也直到這時候妳才真正的以自己的力量「選擇」了妳的人生。分析過後，妳才知道自己「真正要的是甚麼」。是真的反對市場趨勢，或只是因為自己希望某種更極端的東西？想結婚？需要結婚？還是渴望透過結婚這件事情來「解救」自己的某個心理情境？

無論那是甚麼，妳必須要自己挖掘出來。一旦挖掘出來，妳得理解：愛情跟解決自我問題是兩件獨立的事情。不管是覺得自我認同度低、自卑感重、過去的經驗痛苦、或是心理上有任何匱乏的東西，這些事情我們都不可能從一段情感關係中獲得彌補。妳刻意要別人注意妳的內在，根本上就是一種逃避。就算有人因為妳靈魂的良善來接近妳，別的問題依舊存在。自卑感、痛苦的經歷、心理上的匱乏，都不會因為跟誰交往而自動消失。

換言之，自己的問題永遠是必須靠自己的力量去調整的東西。要透過另一個人來改變，不可能、也不公平。畢竟心理層面的問題，除了我們自己以外，別人其實是完全無能為力的。愛情沒辦法解決內在匱乏的問題，婚姻就更沒辦法了。

所以，別讓這些心理層面阻礙了我們追求戀愛的機會。尤其如果愛情對妳而言是有意義的，如果婚姻也是妳人生中一個希望達成的里程碑，那就真的該好好調適一下自己的彆扭，並讓自己能以更務實的角度來面對這件事情。

人生本來就是某種交換。妳拿自己有的，去換取自己渴望的東西。若確定自己有一個非要得到不可的目標，那其實自己就該稍微地向市場低頭。適度的調整自己，讓自己以市場喜歡的方式呈現出來。就像跑業務一樣，好的接觸永遠是創造一個機會。把自己妝點成吸引獵物的樣子，其實並不丟臉、反而能加大妳的機會。

等獵物接近了，妳還是可以繼續使用妳的篩選機制來排除掉生理上或是心智上不合適的對象。妳還是可以保有自由意志與自我選擇，唯一的差異在於，千萬不要讓那些不必要的心理因素或是自卑感，妨礙了更遠大的目標。

但是，同樣要請妳記著：要妳不要逃避且施展女性的魅力，並不是要妳媚俗、艷俗、也不是要妳打扮成妳不認識的洋娃娃、或是扮演溫良恭儉讓的傳統婦女。當然還是要在本質上扮演妳自己、也要繼續強化妳內心的價值、保留自己的自我。

可是保留自我以及釋放女性的魅力，兩者是不衝突的。妳並不用犧牲任何一邊。兩邊都保持並積極擴展市場的注意力，這才是讓妳人生致勝的關鍵！

03 具有吸引力的包裝

長期來說最有效的，是多方嘗試以找出一個適合自己的整體造型。這包含了穿衣打扮、妝容、髮型、儀態、笑容的角度等各類層面；以形容詞而言，優雅與氣質更優於美麗或可愛。

美麗大多可以靠簡單的裝扮達到，可是氣質與優雅卻是需要長期培養、深化的一種內涵。就另外一個角度來講，美麗其實也不一定是膚淺的東西，真正的美麗，同樣也需要長期的習慣以求內化的！可是要達到內化的美麗，這是需要時間、需要毅力、可能也需要一些悟性。就算是化妝與穿衣，也是要時間來養成品味，並非砸錢買名牌就能穿出味道。至於短期最速成的方法，應該就是「微調」了。所謂微調，指的是整牙、換個髮型、改戴隱形眼鏡、或是一些簡單的微整型。隱形眼鏡、除痣、牙齒美白、除痘疤、玻尿酸之類的微整形所費不貴，但對女生而言，卻常常是最值得的投資。因為容貌的改善不單單會反應在吸引男生這件事情上，甚至在求職以及人際互動上都有正面的加分。

另一個簡單有效的方式，就是讓自己看起來健康。男人的基因會注意到年輕、健康、有利於繁衍的女性。臉色紅潤、皮膚飽滿、嘴唇有光澤，都是基因上會讓人注意的點。這除了化妝以外，保持好的生活作息、早睡早起、多運動、健康飲食、少吃速食與油炸品，也能產生正面的結果。

畢竟這是一個連女人都喜歡看美女的時代，也是一個外在容貌能影響所有人第一印象的時代。盡量在自己年輕的時期學會釋放女性魅力的技巧，妳將能充分吸引到大量對妳有興趣的人。畢竟好男人真的太少了，最好的策略就是要先大量的把男人都吸引過來，再慢慢篩選。否則，若手上選擇不多，不管其餘的策略多完備，終究也很難凸顯自己。

04 「冰山美人」的戀愛寂境

女人在選擇交往對象時，開出的標準通常都高於她延續這段關係所需要的條件。以商業用語的說法，意思就是「規格」開得比實際需求高。

女人刻意拉高標準，其中一個原因是可以排除那些只是想佔便宜的男人。畢竟會願意在自己身上投資超額心力的，應該不會是只想佔便宜的好色之徒。另一個原因，則是當女性本身條件不錯時，想贏得她芳心的男人多如牛毛，拉高交往門檻，是她可以最不費吹灰之力的篩選機制。讓男人搶破頭去展現價值，她就可以以逸待勞，挑個最後總合價值最高（或有能力打贏其他人）的傢伙。這點確實是女性的ESS。

可是某些女生會過度操弄這個方式，反而讓自己陷入一個兩難的境地。對於這個問題，我把他稱做「靜摩擦力法則的困境」。這個困境來自於兩個心理反應：

—因為我是女生，所以我只需要等對方投入足夠的力量來感動我就好。

—女生是該有矜持的，所以若男生沒有拿出世俗間普遍認同對愛情的證明，我該對他不屑一顧。

反應到行為邏輯上，大概會變成這樣子：戀情開始時，男人必須盡一切力量展現誠意來打動我，而女人則完全被動看著。如果男人誠意展現沒能達到我的認可之前，那我寧願「甚麼都不要」。就算我覺得對他有好感，但他沒通過我的要求之前，我一步也不會往前走。

更極端的會覺得：

─如果你不先用盡心思的表現，表示你不夠愛我；那我不甩你。

─如果你不在我身上花錢，那表示你不夠愛我；那我不甩你。

─如果你不先走近我，那表示你不夠愛我；我一樣不甩你。

就算自己其實不討厭對方，但還是遠遠看著。要看你為了追我，願意投入到甚麼程度，而這才會決定自己是否起步……這就像是國中物埋學到的「靜摩擦力」概念。

不過，靜摩擦力到底是甚麼意思呢？根據教科書的定義，「靜摩擦力是相互接觸的兩個物體相對靜止但是存在著相對運動的趨勢時，在接觸面產生一個阻礙相對運動的力」。

用圖表來看可能比較簡單。曲線的高峰，代表是「最大靜摩擦力」。而若要讓「靜止的物體」移動，妳要施力大過於「最大靜摩擦力」才能讓其移動。可是最大靜摩擦力其實不是讓物體持續移動的真正阻力，因為一旦靜止的物體開始移動後，後續的「動摩擦力」反而小得多。

在戀愛市場上，女生幾乎都會有類似「物理摩擦力」的相同行為呈現。會不自覺得在雙方接觸的初期放一個極高的「試探門檻」（也就是最大靜摩擦力）。只是有些人會把門檻設太高了，甚至不是自己真心需要的東西。追本溯源，純粹只是因為覺得自己需要「得到某種認同」罷了。

也因此，就算明明對對方有好感，但是對方若不願意在某些行為舉止上做出正確答案，或是投入追求的能量到讓她滿意，那她就寧願不動。偏

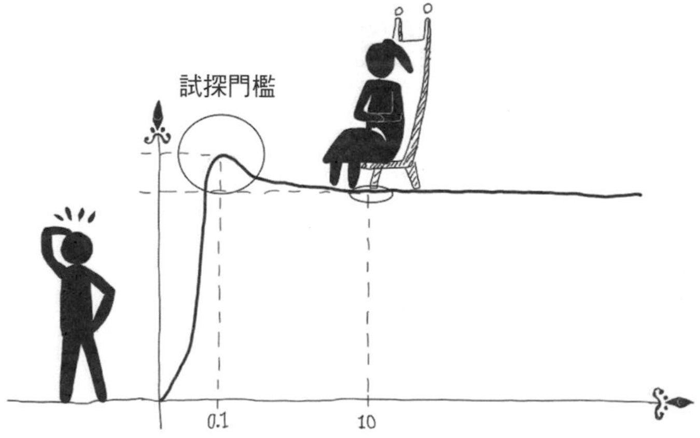

偏更糟糕的事情在於，很多女性用來「判定男人誠意的條件」常常是錯的，是只存在於偶像劇或是童話書中的。比方說刻意鬧脾氣看對方的容忍度到底多高，以決定「對方到底有多愛我」。但類似這樣的測試，只會留下低價值的男人，卻會嚇退高價值的男人。

換言之，如果妳在年輕時就已經訂出一個鮮少男人能跨過的高門檻，隨著時間拉長、趨勢反轉、願意挑戰的男人相對更少，整個狀況就變得對自己越來越不利了。

並不是說女人不該設門檻，隨便阿貓阿狗表示興趣就接受無誤。就策略面而言「靜摩擦力法則」絕對是OK，它也確實有效，可以篩選掉一些誠意不足的傢伙。唯一的問題在於，妳得要非常小心的使用。因為這是一個僅適合妳有絕對優

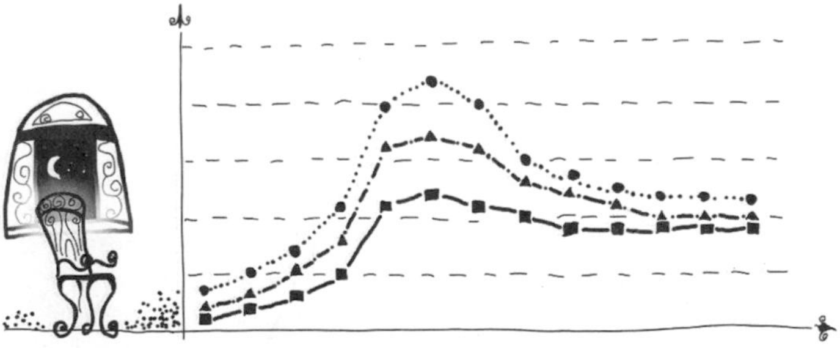

不同難度的門檻

勢時的手段；再者，若妳訂出的篩選條件錯誤下，更可能變成一場「反淘汰」。會造成有能力的男人不願意追價、反而鼓勵她們轉而找尋其他的「價值被低估的標的」。但在談「錯誤篩選條件」之前，這篇我打算先談「靜摩擦力法則」該注意些甚麼東西。

如剛剛提到的，必須根據自己的優勢，調整篩選器。女性從十八歲開始受到周圍男性熱烈追求，但會在十八到三十五歲之間達到一個頂峰。過了巔峰後，周圍的追求者將大幅下降。

當妳在「上升趨勢」時，嚴格的篩選機制能幫助妳篩選過多的追求者。但萬一越過巔峰後，「時間因素」將開始站在不利於自己的那一側。當趨勢不利自己的情況下，卻還繼續嚴厲的篩選機制使用，甚至還刻意拉高最大靜摩擦力，將讓自己進入困境。

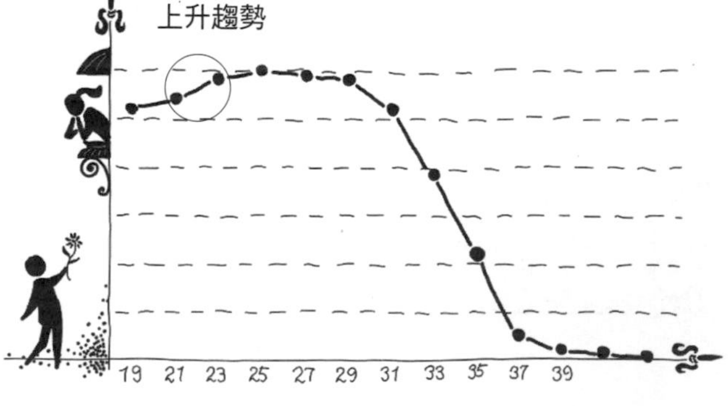

時間因素不難理解。不過大部分人對於時間因素造成的巔峰，立刻想到的原因通常僅是青春與美貌的條件論。但我一直覺得，只把青春美貌當成問題，其實是過度簡化問題了。因為環顧妳我四周，絕對還是有很多三十歲以後的女人順利嫁出去了，而她們不一定都是美若天仙的女生，所以我不覺得美貌是唯一的關鍵。

「靜摩擦力法則困境」的敵人其實是愛情市場的「交易效用」這問題上。只是，「交易效用」這名詞可能不是一般人都理解的，所以在此花一些篇幅來解釋一下。

交易效用（Transaction Utility）比較屬於是心理學的一個名詞，它用來定義人們對於交易這件事情「知覺上的觀點」。簡單的講，交易效用就是讓人覺得「划算」。

提到交易效用，我就不得不岔題一下。「交易」這兩字，是我在書中常出現的一個詞。可是交易這兩字在中文中，恐怕多少讓人有些負面的觀感，覺得好像涉及金錢、甚至會讓人聯想到援交或是買春之類的行為。但是如果用英文Transaction這個字而言，其實就單指一種「交換」：拿出我多餘的東西，去交換我渴望的東西。其實是非常中性的一種行為狀態。

所以我要強調的是，Transaction不一定是金錢的買賣。我用這個字，並不是想以負面的態度來形容戀愛。畢竟我們的人生不管想追求任何事物，多少都得拿出一些東西來交換。比方說，妳若未來想成為一名學者，妳得現在就用功讀書，得犧牲玩樂的時間去認真苦讀。這就是對於未來人生的一場交易：拿時間去換取未來的身分地位。也因此，「交易」一詞只是對於「交換行為」的形容，在此並不存在價值觀的批判。也希望讀者往下閱讀時，能排除掉自己心中的負面觀感。

再回到主題。

以一般物質的交易而言，交易共識要能達成，關鍵點是交易的雙方要「都覺得」從這交易中「得到了些甚麼東西」。比方說，我不會做麵包，但是手上有些錢。隔壁老王超擅長做麵包，但是缺錢。所以我拿我有的、去換我沒有的，彼此都覺得「物超所值」。交易達成後，彼此都認為從這交易過程中得到了收穫，覺得人生的價值增加、快樂度也提升。所以呢，「彼此認知所得到的東西」、「或是增加的快樂」，就是所謂「交易的效用」。交換過程讓我覺得有收穫，所以我樂於參與這場交易。

但反過來說，不管客觀覺得這交易多公平，若任何一方覺得自己無法從交易中得到效用（也就是好處或快樂）時，這項交易就難以發生。以上這句話請一定要看懂，而且牢記在心。

05

戀愛對男人的效用是甚麼?

在戀愛活動中也是一樣的。要一個人把自己的信任、情感、財富、以及後半輩子的人生託付下去，他／她就都必然渴望得到一些回報與效用。這是無論男女都有的需求。

但問題在於，人人都想將效用最大化，對方自然也不例外。所以，妳除了想獲得效用外、又能（或打算）給出甚麼樣的效用呢？很遺憾的，一部分我接觸過的女性朋友，對此的答案通常都很類似：「我是女生耶！跟我約會或是結婚就是最大的效用了吧？」很可惜，就現實面而言，過了一定年紀後，這效用就不夠強大了。而且妳一旦有這思維後，就只會把遊戲往一個死胡同導去。隨著年紀漸長，女生必然會越來越意識到，願意死命追求自己的男人是越來越少。就算有男生約，這些男人也多僅是稍微嘗試、表達好感，一旦當發現女方回應不熱烈下，也就放棄抽離了。

「哼！現實！這樣不是真愛，不要也罷……」，或許有人會這麼做結論。

但為何男人越來越冷淡呢？可是十幾歲時，男人並不是這樣的啊……為何之前有效的方法，會越來越沒用呢？這是因為「交易效用」來自於「知覺」。根據邊際效益遞減的法則，「效用」是會隨著一個人「擁有」而成「等比例的減少」。對男人而言，在戀愛市場上的認知「效用」，剛好就是隨著時間的累積而逐漸降低。

在男人十多歲的年紀，一個從來沒跟女生交往過的年歲時，光是自己有好感的女生願意對自己微笑，願意跟自己出去，這就能讓人寢食難安、開心到如同要飛起來。兩人也不用去哪裡玩、不用對方對自己多好、更不用有甚麼肢體接觸，光是能面對面看著她的笑容，就讓人覺得自己好似要融化了般。為了能看到這如同天使般的笑容，取悅她、討好他、要自己做甚麼都覺得是理所當然、天經地義一般。要是還能不小心碰到手，恐怕好幾個晚上做夢都會笑。

那個時期，女生的一個微笑，就等於絕大的效用。

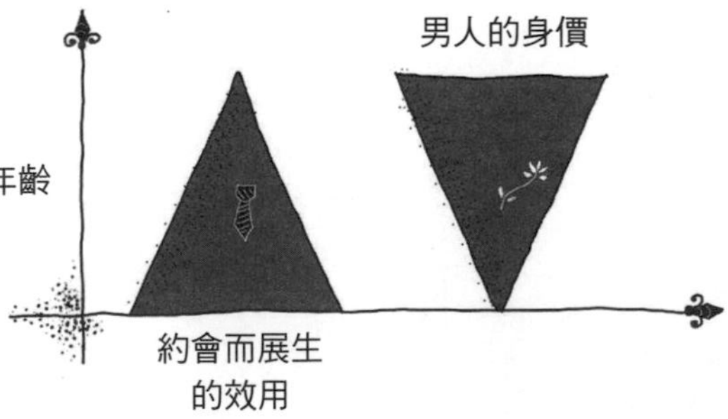

但人是會成長的。當男人到達二十歲後期或三十歲初段時，多多少少都經歷過幾段戀情。當戀愛經驗豐富，光只是跟女人出來約會的效用已經大幅降低，也很難會只因為女人的微笑就被迷惑。跟女人走在一起、談笑、約會，恐怕都不會再有如同少年時代的興奮感。不會在約會前一天睡不著覺、不會一個星期前就開始準備約會當天的規劃、甚至就算兩人有牽手、接吻、或更深入的接觸都未必能讓人變得無法自拔。此外，這年齡的男人很可能都有工作壓力有其他責任要應付，也必然不可能如學生時代那樣，投注全部的力氣與精神在戀愛氣氛的營造上。

他們變得精明、世故、小心翼翼，會覺得，如果對方沒有甚麼意願的話，何必死纏爛打？加上接近適婚年齡後，男人一般會開始考量長遠的問題。畢竟若是結婚的話，自己還得要犧牲掉自由、經濟、時間、多跟一個人長期生活也可能產生很多問題。但在這關係中自己又得到甚麼呢？是一個只會買名牌包的洋娃娃，或是一個可以一起往後走的合作夥伴？

這是少數女性未曾思考過的一個問題點。這也是為何男人不再只因為妳是女人就願意先付出一堆氣力來追求或是取得交往資格的原因。因為對他們而言，交易的效用已經不比十幾歲時、自己的時間與力氣也不再，自然不再可能先投注一堆，然後才等待開牌。

這也是前面章節說到，「如果妳無法正確的建構對方的安全感時，就必然無法留住男人」。這又帶出另一個重要的啟發：如果妳發現周圍的男人們開始不願意投注氣力或資源與妳構築關係上，這表示妳明顯釋放不足夠的安全感（也就是效用），甚至讓男人感到恐懼。這時候，回顧與檢討就很重要。因為若妳持續無法讓男人感覺跟妳交往有甚麼好處時，妳將離目標越來越遠……

再來，另一個妳該考量的是，妳開出的篩選條件究竟合不合理？我碰過有女人在認識我的第一天就直接問我年收入多少，並說另一個追她的男人送了甚麼禮物。我完全可以理解這是個「快篩機制」，但反過來說，這機制卻也同樣是愚蠢至極。因為這類快篩完全無助妳成功，反而產生「反淘汰」的狀況。

反淘汰的意思是說，符合妳條件的，在沒看到牛肉卻先看到這誇張的門檻時，必然會嚇得逃走。以上例來說，對方並非是美若天仙的女生，我也還壓根不認識她，自然不會想去參與比價與競標。甚至在這樣的快篩過程後，我根本連想繼續了解她的興趣都沒有了。所以無論我是否有符合她的條件，我都先自願「被」淘汰。所以這不是很可惜嗎？這樣的篩選機制，只是排除掉「有選擇性」的人。至於在這樣快篩機制下還沒被嚇走的，也並不表示他非常棒，反而可能有篩選機制沒看到的隱性問題。這就很糟糕了，因為當母數已經因為趨勢反轉而變小時，手上的篩選機制反而還把好的都篩走，那不就越發讓自己的處境艱難了嗎？

06 期待與現實之間的落差

下一個重點，在於要努力避免讓對方在交往後感到「失望」。因為若交往後對方感到失望，就會對這段關係後悔，並埋下失敗的種子。

可是，甚麼是所謂失望呢？字典對於「失望」這兩個字的定義，有個非常學術的描述如下：「失望源自於期待與實現的落差」。

換言之，失望的根源在於兩個因素。一個是對方腦海中對於未來的期待認知，另一個則源自於現實的結果。這其實也無關乎愛情，任何事情上的失望都源自於這兩者間的落差。比方說廣告打超兇的電影，妳去看之前會充滿期望，但若實際的電影根本不及廣告宣稱的精彩，失望的情緒也就由此產生了。

而且這失望情緒甚至會隨著之前宣傳的程度而提高。如果沒甚麼宣傳的電影，妳因為沒甚麼期待，就算爛，可能也不會讓妳生氣。但若這是一個所有廣告都說「超好看」、「經典」、「史詩般大作」之類的電影，結果看了覺得完全不是如此，妳將不但失望、甚至還會「氣憤」。

愛情關係也是如此，如果對方期待很高，但妳實際能提供的價值卻落差很大時，對方可能會失望、甚至更可能會因此氣憤。妳可以用別人的期待來捕捉到獵物，但若獵物最後不能保存住，這或許也並非甚麼美好結局。就如同電影《美人心機》中的妹妹吊盡了亨利八世的胃口，可是最終卻反噬了自己。所以避免這兩者的距離擴大，或許就是可以努力、且也該努力的一個地方。

一個簡單的期待模型如圖所示，以中線為界，上面為「正期待區」，而下方為「負期待區」。在原點的上下一定距離是「無感覺區域」。一旦當別人覺得跟妳交往可以得到某種好處與滿足時（也就是通過無感覺區域上端），對方才開始會想認識妳。若妳能把期待推往頂點（到達粉絲區），對方甚至可能願意為妳做任何的事情。

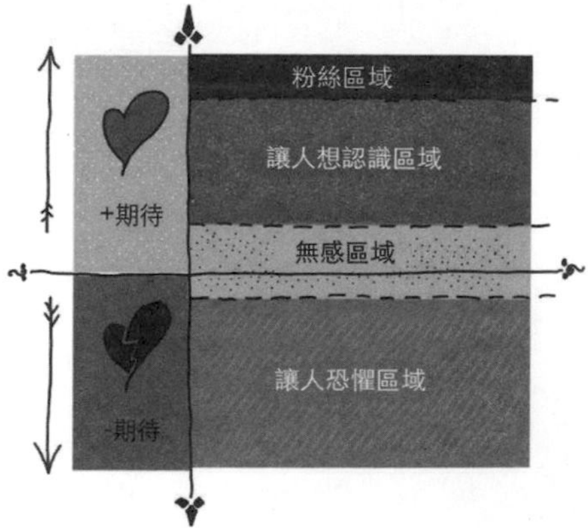

而原點下面則是讓人恐懼的區域，若妳給人的期待是負的，也就是跟妳熟悉會帶來壞處時，別人則會因此嚇跑。

一開始就把別人引導到粉絲區通常是很危險的。因為一旦熟悉後，他發現妳其實不是那樣，這就將激起對方失望的情緒。這其實也是為何我會建議避免把「靜摩擦力」設太高的原因。女性長輩常會告誡要拉高門檻，誘使男人的渴望，再慢慢的滿足他們。這就實務上而言是有用的，也絕對會讓男人在「前期」對妳的要求完全順服。但問題在於，婚姻是長期關係，妳要著眼的是更長遠的「能量對等」。

當設下重重門檻，讓對方只能遠遠看著，想像之後一切的美好與幸福，我們就得有把握在之後讓對方真正接近後不覺得有期望落差。否則，若過份堆高別人的期待，最後實際卻差異很大時，失望感就會被增加到恐怖的境地。就如前面舉例《美人心機》這部電影，妹妹努力拉高亨利八世對她的渴望，可是當最後亨利八世如願得到她時，也就自然的露出了猙獰的一面，因為他要「一次拿回來」。這樣的心理反應，我們在後面談到「負回饋螺旋」時會再來深入討論。

從「讓關係長存」的角度來思考，過程中妳要小心控制男人的期待。對於兩人的未來，若他對妳期待過低、那可能很快就離開了。但他若對未來有過高的期待，則可能產生將來成交後悔的問題。有些婚姻結婚後一兩年就散了，通常也是源自於這原因。所以把期待控制在合理範圍內，會是絕不能輕忽的重要步驟。

妳或許會說，「我並沒有刻意把對方的期待推高啊，是他自己要把我想太好的」。但這又是此遊戲的另一個重點，妳得去評估對方意識中對妳的定位為何。畢竟對妳而言，最後的結果才是重要的；若結果不好，就算去指責別人「是妳自己一開始把我想太好」，也完全於事無補。

此外，在初期互動過程中，若妳頗有姿色時，還要更小心男人對於美女的「刻板印象」（Stereo-type），這更可能讓對方的期待偏移到不可思議的地方。男人對長相美麗的女子，往往會比相對於一般容貌女性有著更多不切實際的期待。舉例而言，妳若長得很「萌」，大部分的男人會不自覺的認為妳比一般女生更單純與天真。但實際上妳或許其實很男孩子氣，或是有著跟外表差異很大的性格。一旦有這問題時，這一樣有可能在跟對方交往後造成對方的「期待落差」。

這是一個當事人必須要非常小心面對的議題，因為妳若不知道男人會被妳外表誤導，就會訝異為何對方對妳的認知會這麼不同。對方也會之後覺得「啊，原來妳不是這樣的人？」而有受騙的感覺。但這不是誰對誰錯的問題，而是自己要有警覺，要隨時修正對方期待的一個重要關鍵。

另一種極端，則是習慣打扮太辣的女生，男人大多也會直覺認定她可能「很會玩、或很愛玩」。這也是容易吃虧的刻板印象。因為當事人可能賢淑安靜，只是喜歡做辣妹打扮，連夜店也從來不去；但是男人就是會因為刻板印象而根本不敢接近，這也間接造成敢來接近的男人本身通常就是玩咖。

妳可能會疑惑，前面的策略不是提到要吸引最多的目光？怎麼這裡又提到辣妹的刻板印象。這兩者彼此其實是不衝突的，因為吸引目光並非要妳過度裸露。妳還是可以讓自己保持優雅又有氣質的來展現吸引力。

關鍵在於妳若具有可以善用的女性特質，就該善用這些條件，而不是刻意藏起來。如果沒先被注意，讓兩人有多次接觸，內在又要怎麼讓別人認識呢？不過，若讓外在的吸引力過份耀眼、甚至蓋住了內在、或讓別人產生刻板印象，那一樣也是會對自己造成不利影響的！簡單來講，過猶不及都是不好的。

所以，這又帶出本議題的一個重點：如果妳過去的戀情或是追求者都有相同的共通點時，其實最該負責任的是自己。

妳要回頭去思考，是因為「我都喜歡同一類的男人？」、「是因為我露出特定的氣質吸引這些人？」、「或是甚麼自己不自覺的篩選方式會讓這些人被留下來？」

只要妳過往的人生，出現兩次同樣的錯誤，自己的反省就很重要。不然，若明明妳希望「想結婚的男人」來接近妳，但妳的打扮或談吐卻釋放出把他們嚇走的訊息，那結果自然是會讓自己離目標越來越遠的。

07

戀愛的社會目的

戀愛雖然充滿了柔情蜜意，但婚姻關係上無論男女都不免會考量心靈契合以外的「社會目的」。所謂婚姻的社會目的，指的是包含但不限於下面幾項條件：

1. 自己被愛與照顧
2. 長期而言更穩定的生活環境
3. 勞務分擔
4. 物種延續
5. 提升彼此存活的機率

男人在接近妳後，發現妳不如他原來想像的一般，那會引起失望的情緒；但若在接近時，發現妳的行為與表現是違反上面幾點要求時，對方可能將逃得更快。

比方說跟妳交往會反倒讓生活不平穩時，而妳又沒有其它的價值時（如異常美豔、或激起他的激情），那妳這樣的一個選擇，很可能就會被對方排除掉了。這其實也跟前面章節提到的安全感是緊密連結的。撇開生物性的要求不談，妳也可以純粹從經濟學的角度來看婚姻關係。當對方拿出某些東西時，他必然期待能換回某種東西。如果換回的東西並不值得時，而他又有其他選擇時，大部分的交易者恐將選擇「停損」或是「棄權」。

舉例而言，我認識的很多男人，通常對於潛在的結婚對象，會很在意她們對於金錢的態度與處理方式。換言之，這其實就是「長期而言更穩定的生活環境」、「勞務分擔」、「提升彼此的存活機率」的展現。他們希望結婚後，就算老婆不賺錢，至少也會幫忙理財或是存錢。就算都不行，退而求其次，至少也要能出得了廳堂，入得了廚房。實在這也不行，那最少要是個漂亮的花瓶吧。妳說這樣很糟糕嗎？但老實說男女都一樣的，除了愛情以外，婚姻終究還是必須要供養其他的東西。

但很多女性並不理解這層面的邏輯，單純只是覺得妳要追我，就得拿很多實質的東西來證明。但交往與婚姻其實更像是兩人三腳的遊戲。妳要看到更多的東西，自己也得往前跨幾步，這樣才會是一種互動，也才會讓事情往妳渴望的目的與目標行進。若只是停住不動、並希望直到所有一切都準備好才向對方靠攏下，理智的投資者就很可能停損並換另一個目標了。

更可惜的是，有時候對方在認識初期憑印象做了判斷後，還是跟妳交往、只是把妳從安定關係定義到另一個關係。如剛剛提到，金錢觀是很多男性朋友在選擇結婚伴侶上會在意的一個要點。但反過來說，金錢態度顯著不佳的女性，男人是否就討厭或排除呢？倒也未必。只是很可能在一開始就不會被定義成是結婚的潛在對象。畢竟若只是交往的話，有個浪費成性、但穿著華麗的女生並不是壞事；可是若妳是這樣的女生，且在認識的一瞬間就被分類在「不適合長期交往」的類別中，不就很吃虧了嗎？所以了解男人的恐懼感，也就顯得至關重要！

除金錢態度外，其他包含了男女關係的態度、生活習慣、家族規模、脾氣、性情、對小孩的看法、有沒有負債、跟怎麼樣的朋友往來、人生價值觀等各面向其實都會影響另一半的觀感，更會影響長期關係是否穩固。

我自己的建議是，盡量找價值觀、生活習慣相近、以及能一直有話說的人發展長期關係。雖然外在條件或是有沒有錢，對於生活影響的層面很廣，兩人是否能來電，也常常是女生極為看重的事情，可是長期關係的根源，終究在於兩人能否好好的一起生活。

再來，下一個可能出現的問題是，如果妳覺得男人有受到妳的吸引，可是卻遲遲不踏出攻勢。這又該怎麼辦呢？是該繼續等待、或其實妳該更加主動一些？可是，主動真的好嗎？別人不都說男人不喜歡女人主動嗎？答案是，男人絕對不會討厭女人主動的。主動之所以會造成排斥，通常都是因為方法不正確，或是女方性格不討喜的緣故。不然，如果方法正確，其實女方主動出擊的勝率很高。

此外，主動還有一個好處。在於女方略為主動，能在這遊戲上獲得條件較佳的伴侶，而這又是被動策略在戀愛市場上，另一個很難產生的效果。

08 好機會來自於主動出擊

假設妳想找個新工作而上了網路人力銀行，並在上面搜尋到了三個性質類似的工作。這三個工作妳都不討厭，也沒有特別的喜好之分。唯一的差異在於，第一個工作的薪水極好，可是對方要的條件較嚴苛。要應徵者精通中、英、日三種語言，且要有帶人經驗。

可是妳只會中文與日文兩種語言，英文雖然不至於很差、但離精通確實還有些距離……而帶人經驗呢？其實妳只有帶過一個小助理，硬要說的話也的確是有帶過人，但就實質經驗而言幾乎等於沒有。

至於第二個工作，薪水跟妳現在的工作接近，要求的條件也差不多，妳完全符合需求。

最後第三個工作，薪水只有妳目前的百分之五十。但工作內容很簡單、需求的條件也很低，妳有百分百的把握輕易拿下。甚至說得極端些，五六年前的自己恐怕就可以輕易勝任的。

在這情境下，妳會先準備履歷投哪份工作呢？

我猜很大一部分的人會心想：「我雖然不完全符合第一項工作的需求，但總可以試看看吧？把我履歷寫的『漂亮』些，應該是可以碰碰運氣」、「也不用刻意騙人，就單純避談自己英文不佳以及只帶過小助理的經驗。對方搞不好沒有很堅持那兩個條件，或許我就應徵上了」。

有冒險心的人，恐怕稍微「美化」一下自己的經歷後，就會投出去賭賭運氣。有找自己面試，就去談談；若對方沒找自己面試、反正也沒損失。

當然，一定也會有人覺得這樣做好像不夠正直。擔心萬一矇上了，日後恐怕會很提心吊膽，所以覺得不如選個符合自己條件的工作就好了。反正薪水跟現在差不多，也並不算吃虧。這類人就會優先投第二個工作。選一選二都無關對錯，僅是一種人生價值的展現。但我要特別強調的在於，除非有甚麼特殊的理由，否則幾乎不會有人把第三個工作當成「最優先」的選擇。要不是前兩個機會都沒了，或是急著要用錢，才會考慮第三份工作。畢竟當人有更好的選擇可追尋時，何苦屈就於一個「相對不好」的選擇呢？

這部分的思考推演若妳能理解且認同的話，那妳就應能理解「在這時代的女生，若只是等待別人來追，會很不利的原因為何了」。因為愛情，就如同找工作的例子一樣，「被追求方」永遠是站在較為不利的位置。

這源自於兩個理由：第一個因素就在於，人們有「往上嘗試、而非往下挑選」的傾向。第二因素，則源自於「資訊不對稱時的道德風險」。

往上挑選、而非向下選擇

就如同找工作的案例。作為一個追求者，幾乎不可避免會在行動前先評估所有身邊「可被追求」的對象。一方面評估誰是較好的標的、另一方面也評估自己能力到哪裡。畢竟付出跟回收的等值甚至超值，會是一個重要的考慮因素。

最終他選擇追求的對象一定是一個接近他主觀上認定最合適自己的對象。但甚麼是所謂「追求者主觀認定最合適」的對象？有些人或許會提到愛情、或是心靈契合等個人價值觀之類的東西。但我得提醒，大部分追求者，在起步時很可能根本沒有深入認識過妳。除非妳們之前有過甚麼特殊的經歷（比方說一起漂流荒島）或長時間的認識，否則兩個認識不深的男女，怎麼可能莫名其妙產生甚麼強而有力的牽絆呢？妳又如何能期待一個剛認識妳的人，突然會感受到心靈契合而對妳深深迷戀？

所以那些注意了妳一段時間，徘徊、偷偷觀察、了解、探索、好不容易下定決心接近的傢伙，其實都是「預謀行為」。這類預謀行為背後判定的依據，若我們轉換成商業用語，也就是之前提過的「交易效用」、「投資報酬率」、「知覺價值」、或最少「容易上手」等邏輯。這樣講或許很抹煞愛情的浪漫性，所以大部分男人的用語會是覺得她「個性最好」、「有氣質」、「美麗」、「善體人意」、「賢慧」、「聰明」、「大方」、「善良」等等的外在要素。但追求者之所以追A而不追B的原因終究在邏輯上很簡單：就在於A有某些特性，而顯得比其他人更有價值。

而這跟追求者自己自己夠不夠格完全無關，甚至就是自己不夠格擁有的對象，才更要嘗試追求。這是因為人的本性本來就都會渴望追求「自我的優化」，也都會積極追求「自己的幸福」。就如同找工作一樣，反正履歷投出去最多石沉大海，幹嘛不投一個自己雖然匹配不上但條件極好的工作呢？失敗的損失很小，但萬一矇上了回報卻很高。所以除非有很特殊的理由，否則根本不會把一個條件較差的工作第一時間拿出來考慮。

這表示甚麼？這表示來追求我們的人，其實多是「自我認知」覺得不如我們的傢伙。雖然客觀上來說，他們或許不比我們差；但主觀上而言，既然人人在找尋的是一個能讓他／她更好的人（電影常說的 "You completed me."），那表示我們是符合當事人覺得「向上追求」的心理模型。

簡單的說：人們之所以來追求我們，必然是因為他們覺得我們有價值、或是我們有他沒有的某些部分。

而這論述也很現實的表示了：「我們的追求者不管有多少，他們主觀上要不是認為自己比我們差、就是覺得跟我們條件相當」。（有一個例外，就是當女方符合第二篇提到的激情要素時，來接近她的男人是為了本身的英雄性而來。但很遺憾的是，這並非是容易啟動的一個要素。此外，這也不是一個能讓兩人平穩過一輩子的關係。）

這論述同時還說明了，為何我們較容易在街上看到美女配醜男，但很少反過來的原因。因為醜男會賭一把去追求美女，且有一定機率他們最終會成功；但帥哥很少在毫無其他理由的支持下去追求容貌不吸引人的女人。換言之，那些認為已經比我們更優越的人，在大部分的情況下並不會來追求我們的。

嘿，這論述最後還帶來一個很悲哀的結論：「當我們開始覺得來追我們的人條件都很糟糕時，這表示我們在整個市場的競爭力已經轉弱，以至於那些我們會感興趣的男人，目光恐怕早已經轉移。」

所以被動策略並沒有問題，只是妳得隨著年紀漸長，越需要加重自己主動的成分。當女生十八到二十五歲時，青春可口、周圍圍繞著眾多男性。妳不知道誰最好，妳也沒時間與力氣一個一個探索。這時候，讓這堆男人產生競爭意識並鼓動他們「拿出最大的誠意」，是以逸待勞的策略。

但年紀大一些時，狀況有些不太相同了。隨著優勢此消彼長，追求者的數量這時候相較於之前通常會呈現下降趨勢。所以一旦過了二十五歲卻沒有男朋友，且持續採取被動策略下，年齡越長的妳會越看不上周圍的追求者。因為若十八到二十五歲時，也就是女人最顛峰的時光，都覺得周圍的追求者不如己意了。那到三十八、四十歲時，追求者條件相較於過去僅會變得更差而非更好。

這是為甚麼呢？因為如果十八歲那年，隔壁班帥氣高大的籃球校隊隊長從來沒注意過自己，等三十八歲時，他可能還事業有成了，這時候會突然覺得自己耀眼起來嗎？還是他會覺得剛進公司那個二十歲的總機妹妹更青春可人呢？何況，到了一定年紀後，條件較優的男人要不是已經結婚、要不是被人綁住、不然就是眼高於頂。加上更多年輕的女性湧入市場，稀釋了妳的價值，那還會來積極追求自己的，自然只會讓妳覺得怎麼「每況愈下」。當追求者條件每況愈下時，妳又如何期待「被動」這樣的策略還會帶來任何奇蹟呢？

資訊不對稱下的道德風險

「被追求」還有另一個問題，也就是所謂資訊不對稱的道德風險。這最容易舉例的就是在保險公司與保戶的對抗狀態。健康正常的人幾乎不會想去投保高額的人壽險；而會想去投高額保險的人，多少都是自覺自己健康值得顧慮、或甚至已經有疾病在身的人。

保險公司這行業尷尬之處就在於：主動拿著大筆錢來投保的、有很高的機率都是壞客戶，最好不要接得好，好客戶必須要自己主動挖掘來。這多少也說明了為何每天我們都會接到一堆電話來恭賀我們是「優值卡友」並要我們承保「超棒保險」的行銷電話。再來，帶病投保的人，雖然急於想要保險成立，但也很清楚知道自己某些特性是有可能會被保險公司拒保。可是最熟悉自己狀況的人畢竟還是當事人，於是當事人為了保險成交，有很高的誘因欺騙、作假資料、或是誇大不實。保險公司若沒有精明的察覺出這些問題，很可能就上當甚至就賠錢了。

那這跟戀愛又有甚麼關係呢？

主動追求者，既然主觀意識上認為自己是在「高攀」，那麼顯而易見的，為了達成目標，自然會有偽裝、誇耀、作假、甚至欺騙的行為產生。就如我開頭描述的，求職者可能明明不會中英文，但也會冒險在履歷上寫下自己會中英日文，再祈禱對方不要真的考試。追求難道不像在求職銀行上找工作嗎？追求者先觀察一堆可能的選擇，挑出對自己最有利的標的，投出履歷、然後在面試上想辦法取得信任與接受。強調自己很好學、很認真、有這些與那些資歷，找工作時所作的謀略與想法，其實拿來描述主動追求這件事情，不是完全一樣的嗎？主動來追求的人，不也會為了「給妳一個好印象」的緣故，會以與正常自己完全不同的樣貌或談吐來接近妳？

換言之，「被追求者」通常都是在真實資訊的掌握上相對吃虧的一方，因為追求者會強化一切自己的好處來取信於妳。畢竟所謂追求，不就是在傳達「我會照顧妳、我很溫柔體貼、我很孝順、我很會理財、我很聰明、我是好人，所以妳該選我的一種說服過程」？妳在明、對方在暗，對方追求所用的方法、談吐、興趣、喜好、甚至人生觀，都很可能只是一場面試表演罷了。

這也是為何大部分的女人會抱怨結婚後的男人跟戀愛時代差距很大。這就像老闆們總會抱怨為何員工跟面試認識的差距很大是一致的。畢竟先得手再說，這本來也是可以理解的捕獵策略。也因此，在採取被動時，自然也就很容易碰上「封面跟內容不符合」這類鳥事了。

反過來說，男人似乎就較少抱怨婚後的老婆差距很大。也不是沒有，但比例上比女性略低一些。主要原因也就在於，選擇是自己下的，總是算好了才進擊的，自然跟被追求者的觀感會完全不同。

所以女人必須要隨著年齡漸長，逐步主動追尋自己的幸福。可以的話盡量在二十五歲前就該開始考慮這策略了，不然越往後拖，這方法能帶來的效用其實也會相對減弱。

不過主動，並不是要妳整個貼上去，也不是要妳死纏爛打、有侵略性。因為任何人若是用死纏爛打、有侵略性、完全送上門、毫無方法的盲目狂戀猛攻，不管發動者是男生或是女生，最後都只會帶來失敗。追，並不是「心誠則靈」，也不是上前告白就搞定。戀愛恐怕是僅次於政治的複雜心智活動，缺乏謀略的「喜歡」通常都只會讓當事者失望與難過的。

但幸好人類的心理欲求都很類似，男人的可操控性相對更大。所以只要掌握大原則，女生要吸引男人，其實沒這麼難。

09

追求的起點在於提升好奇心

就算妳從來都沒追過男生，但我相信妳必然有被男生追求過的經驗。妳可以回想看看，過去來追自己的男生中，哪些人妳覺得厲害、哪些人讓妳覺得很倒彈？

大部份女人都會認同，那些讓自己覺得印象深刻的追求者，通常都不是會突然拿出情書、臉紅紅頭低低、聲音發顫著說：「我……我好喜歡妳……可以讓我們以結婚為前提交往嗎？」，也必然不是那種明明不知道要跟妳說甚麼，卻天天打電話奪命連環Call的人。更不是那種明明跟妳甚麼關係都不是，卻老是在半夜打電話來，卻又不知道要跟妳說甚麼的古怪男人。

能很快吸引妳注意力的男人，或許不帥也不一定有錢，但他們通常有趣、顯眼、有特色、能逗人開心。更重要的，這些人讓妳感覺自在、且有些「與眾不同」並讓妳「好奇」想要認識之處。

同樣是追求者、也同樣是站在能量較低（相對於其他人）的位置上，但因為妳在互動中對他產生好奇心，妳就會在很多事情上「網開一面」。妳會給他通融、給予機會，明明笨拙的舉動，會覺得可愛；明明強勢的話語，感覺權威；明明不好笑的笑話，也會變成認真取悅自己的表徵。更往往隨著對這人認識的更多，而產生不同的情愫出來。

所以，同樣的原則，妳只需要反其道而行即可。讓別人對妳好奇，妳就能在這遊戲中脫穎而出。在此策略下，妳不需貼上去、更不會讓自己變成一個討人厭的傢伙。具體的做法則有五大步驟。若妳能掌握這原則，是一定能有所突破的。

這五大步驟分別是：

1. 差異市場
2. 策略間接
3. 戰術直接
4. 力道平衡
5. 公平交易

第一步　市場差異化

在追任何人，或是創造一個合適被追求的環境之前，第一個妳該自問的問題，在於「我有甚麼不同之處？」、「我是否能引起別人的好奇心？那會是甚麼？」

這問題尤其需要多花心思之處在於，因為好奇心或是價值是一個相對性的比較。所以，「請花時間分析妳跟周圍人的差異化在哪裡？尤其是妳與親近朋友之間有甚麼明顯差異？」，試想想、學生時代班上的班花以「絕對標準」而言，她或許差林志玲一大截，但是若班上大家水準都不高，只要贏過周圍的群體，她就足以吸引班上男生的注意力。

請想想看，妳都跟怎麼樣的朋友在一起？她們跟妳容貌或性格上互補？她們會襯托妳？或其實是反過來壓過妳的光芒？當妳跟周圍的人一同在社交場合或工作場合出現時，男人會注意到妳嗎？

這差異不一定要是容貌或身材上的。雖然如果是身材若容貌上的出眾，絕對能立刻吸引到男人的目光。但就算不是，只要妳能把握「引起好奇心」的原則，妳還是能突顯出「自己的不同」。比方說，妳的朋友都很文靜，但妳特別大方或是能言善道，這在跟男性聊天談話時，能讓對方印象深刻。再比方說，妳的朋友聊天時談的都是彩妝與衣服，但妳在一群人聊天時卻能談談不同的東西，這也一樣會讓人注意到的。或是參加某種聚會的成員，她們出身背景都很類似（譬如都是老師），那唯一不同職業的妳，也會引起別人的好奇。

所以，妳可以試著改變自己的作風、跟不同類型的朋友出去、或參加一些平常不會參加的活動。（當然，前提是這樣的活動會有男人參加）只要妳創造的差異是一種正面的差異，這注意力與好奇心也會帶來正向的影響，也就是一般人說的好感度。當越多人對妳抱持好感度時，妳之後做甚麼事情別人都會以正面的觀感來看待。而且當好感度夠高時，不管妳接下來是等男人追妳、妳追男人、甚至單純當一般朋友，妳都站在一個有利的制高點。且根據羊群效應，當周圍開始有一定數量的人認為妳好時，其他人也會因為這樣的結論而開始喜歡妳。最終甚至所有人都會肯定妳，並對妳抱持正面的好感。

此外，越多人對妳抱持好感，也意味著妳增加成功的機會。比方說，若根據過去經驗，妳每次關係順利建立的成功率是百分之十。那若有十人對妳抱持好感，表示其中僅一人有可能跟妳順利建立關係；但若能讓一百個人都對妳抱持好感，那妳成功的「期望值」則提升到十個人。所以無論從任何角度來看，想辦法差異市場，讓妳比周圍的人更耀眼，絕對是個很好的起步。

最忌諱的，是妳一路模仿朋友的穿著、打扮、髮型、說話的方式、甚至思考與性格。這在很多親密的女性團體上可以看到，她們會在越沒有男性伴侶時，越顯得

「彼此親密」。但我始終覺得這是一種惡性循環。妳跟朋友相似度越高，妳在群體中就顯得越一般，也越難突顯優勢出來。

但我也要提醒，差異化不是搞怪。不是建議妳標新立異、豪放、或是口無禁忌。那樣雖然能很快的吸引別人的目光，但留下的印象未必是好的。所以妳必須在一般人會欣賞的範圍內做出差異設定，且這個設定必須符合妳自己的性格與能力。如果設定一個差距太大的形象。譬如明明個性害羞膽小卻假裝自己很豪放，雖然可能快速吸引注意力，但不表示妳能長期經營。到時候，對方反而會因為將來形象戳破的失望情緒，而讓這段關係迅速中止。

第二步　戰略上的間接

所謂戰略上的間接，在於妳不說出任何喜歡對方的話語，只是「釋放善意」罷了。在整個關係營造的「意識」上，妳要創造一股「被動」的假象。追求的高段在於若有似無，撩撥男人的心，讓他產生好奇、產生渴望，這包含心情上、甚至肉體上的。換言之，追男人並不是要妳自己走過去跟他說：「我喜歡妳，請跟我交往吧」；相反的，而是透過妳主動釋放「善意」出去，讓他覺得「這個女人好像對我也抱持好感耶」、「每次她看我的眼神、說話的神韻、手勢、動作，都跟對別人不太一樣。我該怎麼辦呢？」、「是不是我該去多認識她呢？」，男人若這樣想，就會開始想主動接近妳。

因此，妳不要讓對方產生是妳「一見鍾情、急忙出手」的感覺、更不該做些可能惹人反感的舉動（如半夜打電話去、不斷的邀約、干涉到對方的生活之中、或是直接告白）。反之，只要妳釋放善意的方法正確，對方應該都會有些回應。比方說在有一定認識基礎後，告訴對方妳的興趣、想去哪裡、喜歡甚麼食物。簡單的說，就是適度的做球出來。

「我很喜歡玩具總動員系列。」

「最近北美館有展覽呢，你喜歡美術嗎？」

「我好想去看海芋花喔！」

其實所謂的倒追戰略，在運作高明下，到這種程度也就可以了。會跟上的就會因此跟上來了。不跟上來的，若是因為膽小，妳可以再稍微加重一點「鼓勵」。直接上前認識、直接邀約一起去哪裡是無妨的，只要不要做到緊迫盯人的程度就好。

至於持續不跟上來的，其實也是一個清楚的指標（Indicator）。這表示於他的認知而言，妳並不夠「出眾」，尚無法引起他的好奇心。那妳或許得回到第一步去思考，如何能在妳常出沒的族群中創造出更大的差異化來，讓妳能在下一個目標的眼中產生特殊性。

所以若正確執行這些策略，妳幾乎不會丟臉；且因為妳有足夠的反省機制，妳也可不斷在失敗中退回前一步並自我改善。

另一個要強調的事情。追求，無論男性或是女性，應該是一種交互行為。講得更具體，追求的高段是「持續調情」而非直接告白。透過若有似無的挑逗會讓對方產生好奇心、被牽引著往前探索。

若一開始就掀開底牌：「我喜歡你，所以請以結婚為前提跟我交往。」這樣就失去神祕感與探索的趣味。無論對象是男人或是女人，講這類話都很可能引來失敗。但若只是不痛不癢的說出：「你很有趣呢，我很少碰到像你這樣思考的男生」、「很少男生像你一樣貼心呢」、「你跟我過去碰過的男人真不一樣」其實就夠讓對方飄飄然、回味無窮、暗自猜測妳在想甚麼、進而對妳產生更多好奇心與興趣。

所以，若妳讓他覺得妳在群體中有特別的價值，且又創造出「這個有價值的女人好像喜歡自己、又好像不肯定」的感覺，這就會讓他產生一種「特別的女人對自己產生好感，所以自己應該也很特別」的自信，進而會推動他認為這就是「喜歡」的錯覺，並鼓動他往前進。

第三步　要在戰術使用上直接且強力

這一步是最需要小心營造的一個步驟。可以的話，能越年輕就開始練習越好。

在大的架構上妳雖然該保持被動，想辦法讓他主動往前推進，但在「短兵相接」的每次互動上，妳卻得在諸多小動作上保持主動。比方說，眼神即是一個妳要積極利用的工具。要讓他覺得「妳對他是另眼相看的」。對他微笑、偶爾的回眸、足夠長時間的眼神接觸，尤其是在人多的環境中對他的遙遠注視並微微一笑、或他一轉頭就發現妳盯著他看，都是一種強力且有效的挑逗方式。再來是身體間的互動。如果可以的話，盡量嘗試維持「自然的」身體觸碰。比方說，講話時手肘「不小心」的輕碰他的身體。傳遞杯子觸碰到指尖；並排坐著時，膝蓋會無意間觸碰到他的膝蓋；並肩走路時，手常常無意間相互觸碰；肯定他意見時，拍拍他的手背；假裝生氣時輕打他的肩膀；道別時拍拍他的上臂或手肘；餐桌上遞菜給他、很自然的分給他妳覺得「好好吃」的餐點，尤其是用甜點小匙分他一口布丁或是冰淇淋。這些都是殺傷力絕大的手段。

越多「自然且輕微」的身體觸碰，越能讓他產生對妳的好感。並讓他積極起來，進而促成他開始追求妳。這部分是女性最有利的技巧。男性比較難透過肢體接觸快速拉近與女性的距離，但女性若這部分技巧高明的話，一兩週內就可以讓剛認識的男人有種「跟妳實在是心靈契合」的錯覺。

再來，也可以想辦法營造一種非身體接觸的「親密感」。這是甚麼意思呢？有兩種作法。一種做法是透過空間距離的拉進，比方說同撐一把傘，搭電扶梯時故意讓髮尾靠近他、在擁擠的電梯或大眾交通工具中「不得已」的靠近。若前面步驟都做得好，這種距離且臨時的接近，會讓他有一種怦然心動的感覺。但這步驟要小心的是，不要讓時間維持太長、也不要露出特別的情緒。換言之，妳表現出不抗拒稍微的接觸、但妳卻也沒有全然的倒向他。這會讓他好奇、疑惑，非要弄清楚妳在想甚麼不可。

另一種親密感營造的方法，在於讓他稍微涉獵妳的生活。談談妳的日常作息、分享妳一頁的日記、個人部落格、偶爾E-mail給他一些妳的心情分享、LINE給他看妳的照片、談談妳最近參加了甚麼活動。兩人一起看照片是強大的武器，尤其若中間有些私密的照片時，妳甚至可以吐吐舌頭說「啊！這張不能讓妳看」（但最後當然還是讓他看了）更會創造出一種「欸～她這麼信任我嗎？」的錯覺，這會讓他沾沾自喜而難以自拔。

這時候，妳只需要對於後續他所提出的邀約「不拒絕」即可讓關係繼續往前帶。而更好的部分在於，大部分的男人完全不會意識到，這其實完全是「妳在背後主導的一場活動」。

有些女性雜誌可能會告誡妳，不要太快答應男方的邀約。這部分我覺得是看狀況而定。太過猴急當然是一種減分，但太過扭捏卻不一定是對關係的加分（尤其兩方若都有一定年紀）。只要妳表現的自然、大方、若有似無，男方最多就是沒興趣更進一步，只是持續跟妳保持友誼的關係，並不會產生排斥或是討厭的情緒。我相信男女都一樣，每個人都會享受異性肯定與喜歡自己的感受。只要這個異性不要營造出強烈的侵略感，不會有人因為另一人喜歡自己而生氣或是疏離的。

不過，在身體接觸這部分，有一點是要告誡妳的。千萬不要表現的太急切。比方說，認識還不深時，妳的手在對方身上停留太久、或是眼神露出非常露骨的挑逗、或是有太多舌頭方面的動作時，那可能就會把關係引導到妳不一定喜歡的方向去。有可能會嚇到對方，讓對方不敢接近妳；而另一個可能，對方會認為妳有強烈性愛上的暗示，而會讓他對於這關係產生錯誤的假設。這些對於妳所期待達成的目標，恐怕都是負面的。

還有一個重點也要在此提醒，在於身體觸碰上千萬不要表現的太哥兒們。搭肩、誇張的拍肩膀、手肘撞對方手肘，反而會疏遠起彼此的關係。為甚麼呢？這就得從男人對於同性意識的心理分析起。

男人之間，通常不習慣身體上的相互觸摸。所以男性與男性間若是必需要身體接觸時，多會以一種極度誇張、且明顯異常的方式來呈現（也可說是宣告）。比方說，誇張的拍對方背部、大力的拍打肩膀、手肘互頂的示意，這些都是明顯的在告訴另一個男人說「我可不是故意在摸你啦，我的接觸完全是一種社交禮儀喔！」

換言之，男人的觸摸不會產生親密感，反而會產生一種「這只是社交行為」的提示。所以妳若在肢體接觸上讓男人感覺的不是一種來自女性的肯定、溫柔、與好感，反而暗示他這是一種「好哥兒們」的行為時，他會認為妳要傳達的是一種「社交疏離感」。這會讓他對妳拉出一個距離出來，因為男性之間最大的尊敬，就是對彼此個人空間的相互「疏離」。而這絕對不會是妳希望對方產生的感覺。

第四步　確保過程中的力量平衡

若妳的暗示，對方都沒表示，妳可以繼續加強暗示的比重。只要不到過火的程度，都不致於產生關係上的傷害。最多就是發現對方覺得妳還不夠特別。但這也不是壞事，因為這樣的回饋讓自己知道還得自我強化，也算是挫敗下所得到的回報。

但要怎麼加強暗示的比重呢？比方說妳在一場宴會上看到妳有興趣的對象，但對方似乎沒注意到妳，妳其實可以大方的上前自我介紹。男生或許會嚇一跳，但大部分男生其實會對妳留下深刻的印象、且這印象通常都不差。這是男女間不公平之處，女人接近男人、只要強度不要到讓人不舒服的程度，通常都是加分。這也是為何古人說「女追男、隔層紗」的緣故。

但我要特別提醒的部分，在於若對方確實有在過程中對妳產生好感，且也開始配合妳做出一些反饋時，妳反而要開始小心注意控制「彼此的力道」。

這個意思是說，妳要確保兩方的力道不致於差異太大。因為我一直的認知是，在愛情關係中，無論任何一方太過用力或是太過省力，最後這段關係都不會有好下場。前面的第一步到第三步是為了營造好感度、並讓他對妳產生興趣。但當對方產生興趣後，妳就不能讓這段關係衝得太快了。

太用力求來的感情，後面必然很難維繫。試想，若對方總是高高在上，自己又如何能一直委曲求全呢？但相反的，若妳都擺很高的姿態，對方一直低聲下氣，結局也不會好到哪裡去。人都不免有自私的心情。愛情的努力也是希望最後能讓「自己得到幸福並滿足自身的渴求」（很可惜，就算在愛情關係中，利他主義大部分時候終究還是一種順便的過程）。換言之，在關係構築的過程中，雙方「負能量」累積的越少，長期維持的可能性就越大。若任何一方累積過多的負能量，必須要不斷討好對方、必須要一直處在恐懼與不安全感的狀態下時，最後都會損及兩方的長期和諧。就算最後能結婚，也只會以失敗收場。

另一個妳要注意的，就是不要一下子把底牌全部出光。

妳有一些優點、有一些技能、有一些特殊的價值，這些妳可以在適當的情境下慢慢的「展現」出來。當然，可以單純讓對方「知道」妳有這些優點，比方說早餐做得很好吃、很會理財、很會照顧人、很會打掃房間之類。但不需要剛認識就全部像獻寶一般的急忙拿出來。一下拿出太多，對方固然覺得驚喜，但同時也破壞了雙方力道的平衡。對方除非努力的追上來，不然若他跟不上或不跟上時，這段關係的平衡感就破壞了。就算對方要求，妳都可以只嬌笑地眨眼睛：「下次再讓妳看」。讓對方期待、讓對方加重力道，這些技巧都能讓關係能慢慢加溫。

簡單的講，維持力道的均衡。就像在打網球一樣。

回饋、反回饋。對方有舉動、妳也有對應的回應。擊來的球，用類似的力道打回去。若對方能跟上，來回幾次後再慢慢加大力道。務求對方能接得住，並回擊回來。愛情跟網球唯一的不同，在於愛情關係構築的目的是讓雙邊能來回接球、而非擊敗對方。太快拿出所有自己的價值，就好像在球場上積極殺球。對方或許會覺得很敬佩，只是若對方跟不上來（無論是能力不夠、或是暫時不願意多出力），那麼這個遊戲立刻就變成不斷的單邊殺球。不論屆時是妳覺得犧牲太多、或是對方覺得壓力太大，最後彼此都會覺得索然無趣了。

所以，這部分是非常關鍵的。要巧妙的平衡在「價值展現」跟「價格付出」的平衡上。一方面展現價值，讓對方知道妳是值得的。但另一方面，這些價值卻是會分階段的逐步實現。妳自己不吃虧、也不讓對方覺得吃虧；不要讓對方覺得付出很多、可是到手的卻微不足道。

此外，平衡彼此力道這件事，也是一種風險控制的手段。換言之，讓對方看到妳有這些東西。但這些東西他是否最終能取得，則是要在互動中透過雙邊的投入中逐步建立，也就是說，他也得付出些甚麼。若沒辦法提出他的價值時，妳最後也就在失分最小的情況下退出遊戲。

反之，只要對方能對於妳所有的試探都有正確且正面的反應，最後自然會有結果。這就像談判一樣，把底牌適度的亮出來，但等價格合適時才點點頭確認成交。請記得，關係中兩人是否能平等維繫，其實會受制於開始互動時兩人的運作模式。若妳沒有從認識的第一天就把一些基本規則（Ground Rule）建立起來，之後如果沒有重大的變故，妳幾乎不可能調整兩人的互動關係的。

舉例而言，如果一開始對方就很強勢，那這相處模式會主導之後妳們的每日生活。不太可能某天妳突然說：「好。接下來我們應該改變相處方式。該換我發號司令了！」這絕對不可能發生嘛！所以一開始雙邊習慣的相處模式、必然是會持續到關係結束的那天為止。所以若某些運作模式妳不喜歡，或是過去經驗讓妳覺得不好，妳在展開一段新關係時，從第一天起妳就得規劃這部分了。不讓不好的互動模式變成相處習慣，就不會讓妳在關係中總覺得不舒服。

第五步　公平交易以避免浪費時間

若是要以結婚為目標的交往，那我會建議妳在整個交往過程中盡量不要「虛張聲勢」。妳若明明不是某種類型的人，就不要刻意假裝自己是。一開始可以刻意打扮以吸引男人的目光，可是當關係有進展時，要慢慢讓對方看到妳的真面目。

換言之，妳可以做市場差異化，但這必須僅是「強化自己的優勢」，而不是靠造假的方式偽裝。欺騙或許能讓「婚禮」發生，但「婚姻」畢竟是長時間的事情，誰都不可能裝成不是自己的人一輩子。假裝雖然是很有誘惑力的短線手段，但長期來說只會是關係殺手，所以我並不建議長期使用。

我會建議盡量秉持公平交易原則。甚麼是公平交易的原則？其實非常簡單，就是這兩點：

1. 減少包裝、既見即得。
2. 盡早揭露妳的性格、價值觀、與喜好。

大家都吃過泡麵，有些泡麵外包裝上是大塊牛肉、還有很多蔬菜。可是打開泡好發現只有一公分不到的乾燥肉末跟幾塊蔥花。這種認知差異，就可能造成失望與不愉快。換言之，如果妳把無謂的包裝去除，沒有大塊牛肉就不要去誤導別人，反而強化妳真正優點之處，就能避開這類認知差異，更可以避免彼此「時間上的浪費」。

這跟前面提到的控制期待有甚麼差異呢？有，前面提到的「控制期待」是要小心不要過份膨脹自己的優點。這裡提到的「減少包裝」，則是當妳選定某個男人打算交往時，要適度的揭露自己的缺點。因為結婚這件事情，重要的並不完全是兩人的熱情或是相愛。價值觀與興趣相同其實才是能走長遠的關鍵。所以若妳的目標是結婚為前提，那最值得注意的，不是對方有多少錢、帥不帥、或是有多愛妳，而是「對方如何看待妳的喜好以及缺點」。

如果妳的缺點對方不是很在意，優點剛好彼此互補，且生活小事的看法都類似，那這婚姻絕對不會差到哪裡去。甚至我個人覺得，這種婚姻才是最難得的，它比兩個人熱烈相愛還更難碰到。如果同時有兩個男人可以挑選，寧願選一個生活習慣相同、價值觀接近、但感情平穩的男人；也不要選一個每次見面都熱情如火、恨不得把對方融化了吃掉，但是卻會在大小事上吵架的男人。

避開虛假的包裝，其實就是盡早讓對方很確定的知道妳的優缺點。讓他知道「現在看到的，就是最後能買到的東西」。比方說，妳明明不是小鳥依人型的女生，就根本不要假裝妳是。或許他喜歡小鳥依人的感覺，但不表示他在真正了解妳後，不會思考「雖然不是小鳥依人、但有其他優點與價值的女人是否值得好好交往」。畢竟有時候我們以為相當重要的條件，在真正面臨抉擇時才會發現那些其實是微不足道的。

這方法的缺點是甚麼？是當妳認識一個好像還不錯的男人，兩人或許會在一兩個月內，彼此覺得相互不適合並中止關係。但這並不是壞事。因為當妳是以找長期伴侶為目標來跟異性交往時，最怕就是兩人刻骨銘心一兩年，最後卻發現「啊！原來我根本沒真正認識過你／妳。」這種封面跟內容不一樣的尷尬狀態。

因此，當你戀愛時，請隨時想想泡麵外面包裝照片對我們美夢的傷害。這可不是泛道德的呼籲，而是因為誠實策略對妳自己是有好處的。別忘了，相對於男人，時間對女人而言更是寶貴的資產。妳絕對沒辦法每次都玩包裝遊戲三年到五年，然後最終兩人因為失望而分開。對女人而言，在最精華的二十五歲到三十歲之間，若不走誠實策略，妳很可能只有機會談到兩場戀愛。若兩場都認識錯的人，那等於後面也籌碼盡失了。反而是對自己不負責任的舉動！

在年輕時該盡量認識大量的男生。跟他們適度有些互動，讓他們認識真正的妳是甚麼樣子。能接受的會留下，可以更進一步來往。至於那些因為妳很快曝露缺點而沒能交往的，也絕對好過甜蜜半天最後才失敗。畢竟前者是一種相互認知的停損，是正面的，兩人也還可能可以當好朋友；但後者是一種無奈，自己浪費了時間、彼此可能是相互帶有恨意而分開，這樣對誰都沒好處。

只要妳原則夠明確，喜歡的自然會留下；而不喜歡的自然會遠離。能接受「即見即得」且妳也喜歡的，那就讓力道逐漸加強，讓關係前進。其他的，則盡早停損為是。

10 增加母數，別侷限了自己的視野

前面有提到，好的男人可以透過自己主動來取得的。可是主動並不是倒貼，而是妳展現價值、讓男人被妳吸引。妳從這些被吸引的男人中，根據自己的需求找出合適的對象。然後妳在每次與他接觸時，透過適當的暗示，看看對方是否有意願開始追求妳。若對方開始行動，妳就觀察跟他的互動，並讓他了解妳真實的面貌，看看最終能不能發展順利。這是身為女孩子最佳的追求策略（雖然實際上妳好像甚麼都沒做）。

可是，僅僅是這樣，還不夠全面。因為還有三個重大的風險未能在前面四個策略中被排除。

—根本選不到合適交往的。
—選到合適的卻無法吸引他。
—交往後發現男方不合適或兩人無法產生結果。

所以對抗這三大風險的關鍵手法，就是無論任何年紀、女生都該確保「母數能盡量增加」。

大部分的女生，對戀愛這件事情想得很單純。覺得自己只想碰到一個自己感興趣的人，然後跟他認真的交往就夠了。所以對於增加母數的概念，總覺得那好像是鼓勵她們劈腿一般。

但問題在於，大部分女生往往太快跟男人進入交往階段，並把周圍的可能性徹底排除。甚至絕大部分80分女生碰到的戀愛困境，都源自於這個因素。畢竟，喜歡跟能長期相處，往往是兩件事。很多女生在二十歲初期，跟一個男人開始交往，但這個男人並非完美極致，兩人有很多磨合、也有很多問題需要調整。可是，要改變一個成年人的性格，這是談何容易的呢？以至於兩人花了三到五年，發現彼此終究不適合，最後挫折的分手。

通常這時候，女生已經接近三十歲了。等她休養了半年到一年，終於鼓起勇氣想再一次回到戀愛場上時，才愕然發現周圍完全沒有任何選擇了。自己之前在跟男朋友交往時封鎖了周圍所有的男人，甚至連男性朋友都鮮少聯絡了。等到分手後一切要從頭開始，可說是困難異常。她們條件不壞，只是周圍沒有足夠的挑選樣本。雖然陸續還是有男生來追，可是因為自己通常都較為被動，所以來追的男人條件大多比年輕時候來的差。

這時候，她們一面感嘆怎麼都沒人來追，一面也苦於不知道自己能怎麼在策略上改變，在疑惑與感嘆中，可能又拖過一年到兩年。等三十四、三十五歲時，開始驚覺這樣不行，要開始參加相親或是類似活動時，手上籌碼可能早已耗盡。就算能相親結婚，也往往是鬱鬱寡歡。

女人的精華時光只有一段，市場價值如圖，是一個類似倒立鑽石的形狀。由下而上是女人的年紀。直線的左邊是女人身邊愛慕她的一般男人數量，右邊則是愛慕她的優質男人數量。當到某個頂峰時，周圍環伺的男人將開始陸續減少。

每個人頂峰的年紀都不相同。有些人可以維持到四十歲以上，有些人可能二十四到二十五歲就

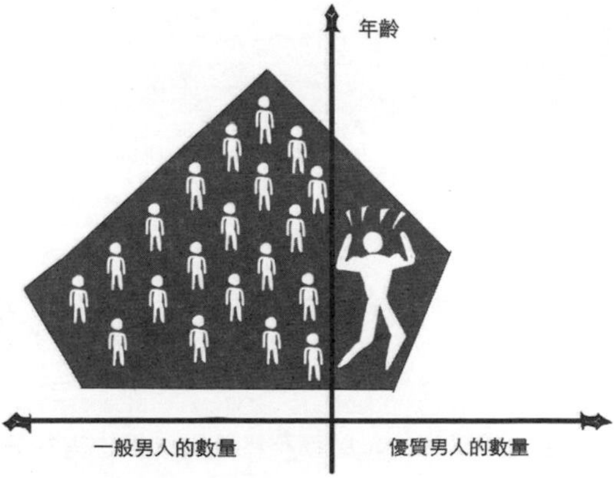

是頂峰了也說不定。總之，數量總會在某個年紀逐步下降。甚至過了特定年紀後開始只能吸引到一般男人。所以最合理的策略，是要在越過頂峰「之前」，認識盡量多的男人，跟他們合宜的互動、判斷與他們長期關係的適切性。簡而言之，要挑出一個合適的結婚對象，運氣很重要。要控制運氣，就是讓樣本數加到最多。大樂透機率很低，買一張要中需要很高的運氣。可是若妳能同時累積五百萬張時，中獎機率自然就高的多。要讓自己戀愛成功、婚姻順利，概念也是一模一樣的，妳必須要讓樣本母數盡量增加。

讓樣本母數增加，並非要妳劈腿，而是在挑到理想男人之前，應該持續保持跟其他男人的社交聯繫，多保持開放的心胸，多接受可能的機會。簡單的講，妳必須要貼近市場，常態的跟男人互動，才能在下圖這條曲線往下彎時產生警覺。

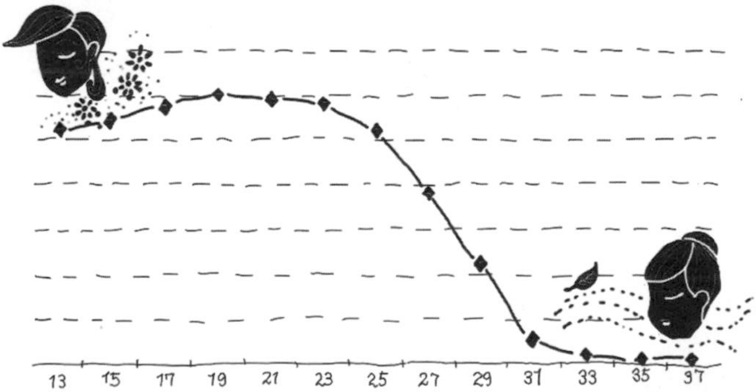

每個人面臨曲線下彎的年齡都不盡相同，但妳得在第一時間發現這件事。

很多女人因為離市場太遠，連到底何時周圍的愛慕者都消失了也搞不清楚。這在萬一交往不順時，就毫無退路了。妳若只是跟一個不適合長期在一起的男人努力磨合，而忽略了其他人，就有可能把精華的年紀浪費在毫無價值的男人身上，而讓自己失去選擇的機會。

V

愛情裡的盲點

01

確認發展長期關係的可能

80分女生除了知道戀愛策略外，還有三件事情是妳跟男人交往時應該隨時查驗的。因為這幾件事情，跟一段戀愛能否轉變為長期關係有很大的關係……

1. 風險控制，確認男人是想跟妳發展長期關係。
2. 回顧目標，確認結婚的目的是否正確。
3. 知己知彼，盡早排除不適合的男人。

女性最擔心的一件事情恐怕就是對方到底是抱持怎麼樣的心情在跟自己往來。如同前面的章節提到，男人有三種心理模式：肉體關係、激情關係、以及安定關係。一段關係若要長期穩定，就必須避免男人以前兩者的態度來定義自己。可是講歸講，大部分女生都不知道怎麼觀察男人最有效。看他模樣老實單純，每天管接管送的，難道這就代表他對妳全心全意嗎？

老實說，這樣的行為其實無法證明對方是「真心愛你」，還是有可能他的目標是放在肉體關係上。那些溫馨接送情之類的，僅是一種表演罷了。唯一能可靠觀察男人本心的指標，就是親密關係「後」男人的情緒與態度。不過，在談怎麼觀察前，先解釋背後原理。

02 親密關係上男女的差異

男女在親密關係這件事情，心態其實是完全不同的。

女人就算原本對兩人的關係還略有疑惑，可是一旦發生親密關係後，就會把這些疑惑通通排除掉，開始對這段感情很投入、認定就是要跟這男人長期經營下去。很少女人可以把「愛情」與「性」完全切割開。只要有了親密關係，大部分女性就會火力全開地把所有情緒都投入其中。所以女人的情緒，會類似這張曲線圖：親密關係是讓女人情感攻頂的一個關鍵。女人在親密關係後，情緒會拉高，理智也會淡薄，對男方的情感投射會達到最高。就算一個女人原本已經很喜歡一個男人，親密關係的發生，還是會讓這段情緒再往上拉昇。然後情緒會再隨著時間緩慢的回歸

女性情感投射程度圖

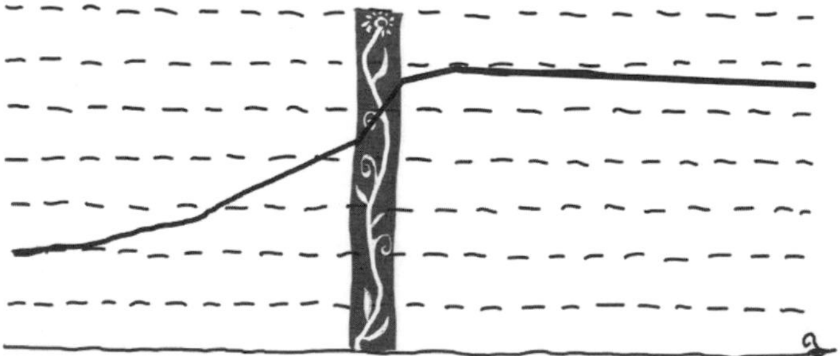

理性。不過，降低的速率，通常是很緩慢的。只要之後男方給予關懷、溫馨、甚至下一次的親密接觸，情感就又會回溫（甚至更升高）。

不過，男人在這件事情上的反應跟女人可是大不相同的。基本上，大部分男人的情感與性慾是完全分離的。他們有辦法可以一方面喜歡一個女人的靈魂、但是同時又喜歡另一個女人的肉體。甚至就算沒有任何情緒上的喜歡，他們也可能因為單純的慾望而跟女人發生肉體關係。

大部分女生不知道，性慾這件事其實是驅控男人一股非常強大的力量；這甚至可能跟毒癮的感覺類似。女人可能很難理解性慾其實是男人一輩子都在與其對抗的一個東西。慾望高漲的男人是會做出很多激烈的事情，失去理智、說謊、充滿攻擊性、甚至搞砸自己整個人生，僅僅只為了滿足那份慾求。在慾望浮現時，男人基本上頭腦是不清醒的，他們的理智會變得極低。這時候，男人都會傾向於過度的承諾、會答應很多他們做不到、甚至不想做的事，會有更高的說謊傾向，說很多根本不是他本意的甜言蜜語，對女人的評價也通常會顯得高估。可是糟糕的在於，一旦慾望獲得滿足後，男人的頭腦會突然清醒過來。開始對幾分鐘前承諾的事情後悔，身邊女人的缺點也會開始注意。就算你們已經是男女朋友，或是夫妻，男人在親密關係「後」腦子都一定會比之前來得清醒。所以最值得觀察男人的時間，就是在兩人親密關係之後。（至於平時那些溫馨接送、買早餐送消夜都有可能只是演戲，唯有親密關係後的反應，是很難演的部分。）

下圖是男人在親密關係前到後的心情轉變狀態。男人的情緒在親密關係前通常都非常高漲，只會注意女人的優點以及性特徵。可是親密關係一結束，男人理智就開始主導所有的思維。這時候他們的想法、說法、做法才是真正理性主導的決策。他們這時候也是最冷靜、最能看出本心的一段時間。很遺憾的是，一段時間後，男人的情慾又會慢慢高漲，這時候理智又會被埋沒掉。

換句話說，觀察男人最好的時間，就是兩人的親密關係後。在他最理智的時候，到底他是如何看待妳的？他對妳是否依舊充滿足夠的愛憐？是否還會想跟妳說話？是否還想跟妳有肌膚接

男性情感投射程度圖

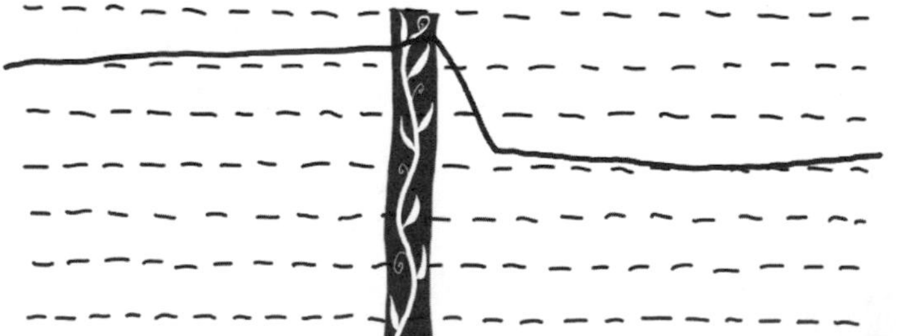

觸？眼神又是否還會跟妳有充分的交流。如果答案都是肯定的，表示他除了身體以外，也對妳的靈魂抱有感情。

至於如果性愛結束後，他就開始去打線上遊戲、上網、看電視、或是睡覺，倒也不代表他對你的愛意是假的。畢竟男人在性愛過後，腦子就清醒了，也會對女人稍微淡薄。所以發生這些事情，未必代表一定壞，只是你可以多在其他地方關注他對你的態度。最應該小心的狀況，在於對方在性愛之後，就完全不碰妳、不願意讓妳碰、或是趕快洗澡穿衣，這很明確的表示他對妳的「靈魂情感」應該是很低的。這段關係是否要繼續下去，恐怕妳得深入思考了。遺憾的是，大部分女生對男人的觀察重點都放在親密關係前。因為她們覺得親密關係是一個重要門檻，只有達到一定條件的男人才能進展到這一步。等到進展到親密關係後，就覺得心裡踏實了。可是實際狀況剛好相反。性愛之後，才更需要觀察，才能看見男人的本心。

不要因為親密關係而讓妳無法停損

另一個女生常碰到的迷思，在於覺得發生親密關係後，就應該要讓這段感情堅定地走到最後，不然自己好像很隨便，或是擔心別人的評價。明明在關係裡碰到問題，也會覺得該努力調適。就算原本覺得這男人有些問題，在親密關係之後，女人也會刻意忽略男方的那些問題，或是認為「只要時間拉長，愛情總能解決一切歧見」。但這其實是不成立。不論是親密關係、時間拉長或是艱苦磨合，都不會讓一段不對的關係變成對的。

一來，人過了一定年紀，就不太可能會改變。如果你們一開始價值觀與生活習慣就差異很大，無論怎麼調適，兩人還是不太可能在這部份調整成相同頻率的。二來，男人通常在性愛之前都會花很多心力「表演」，因為他們也很清楚女人希望要先看到他們的誠心。所以在那之前，很多行為其實很可能僅是為了投其所好而表演出來的。可是，隨著時間推演，男人的演技會越來越少，警戒度也會隨著交往越深而越鬆懈。換言之，如果剛開始就覺得兩人相處有問題的對象，隨著相處時間變長、兩人的關係越密切，問題只會越多而很難減少。

最後，當女方對於「事情應該要越來越好」的期待落空時，她會覺得失望、也可能開始更用力地想把狀況矯正過來。這時候女方的脾氣可能變差，兩人的爭執可能增加。時間拉長後，爭執增加只會讓感情更降低，最後整個狀況對女生而言只會越來越不利。所以，女生絕對不該因為任何理由而勉強自己去適應一段關係。長期關係的維持，兩人的生活習慣以及價值觀的影響度最高。尤其男人若有一些你完全不能忍受的缺點，那要讓自己勉強適應更是困難重重。所以，不要讓自己因為發生過親密關係，而猶豫停損這段關係。相信我，停損並不吃虧；相反的，若為了一個不正確的人賠上一輩子，這反而才是一件不值得的事！

沒人想佔便宜，更是警訊

女人都希望男人愛自己的內在以及靈魂。如果周圍男人都只是對妳的身體有興趣，這絕對是一大警訊，表示妳恐怕外表與身材的吸引力超過了精神上的吸引力。

不過，有人佔便宜雖不好，但還不到最糟。最糟糕的狀況，是身邊男人根本連占便宜都沒興趣時，那才更是警訊。妳主動追求男生，男生逃走。表示好感，男人說我們當朋友就好。甚至一個人去酒吧都沒人搭訕時。這表示，男人的動物性都無法被引起。當妳無法引起他們的動物性，那他們便不會靠近；妳靠近他們，卻會被推遠，這樣就算妳有豐富的內涵、很能夠在心靈上與對方產生共鳴，這些可能性都無法真正的表露出去。

我能建議的，是先試著從外在調整起。無論是衣著、是化妝、是談吐的品味。妳可以優先選擇改善這部分，而不是去看男女心理的書。女生投資在面貌改變上，是相對成本較低、但獲利最大的投資。因為這不單單在戀愛上有幫助，在人際關係、職場升遷、甚至平日與他人互動上都能獲得好處。最簡單的原則，就是**得體永遠比美麗更重要**。如果妳得體，男人至少不會立刻逃走。而且妳不用真的成為名模才能吸引男人目光，試著為自己做點甚麼，總是能有所回報的！

再來是請試著多跟男人先以朋友關係有些交流。妳若能正常的跟一個男人交談且不會嚇倒他時，其實就是好的開始。試著看些男人會有興趣的雜誌或是網站，讓話題能朝向他有興趣的方向走。學習「聆聽」的技巧，讓男人覺得他說的話妳很著迷，他就會很樂意多跟你說些東西。只要他不會逃走，妳就有機會慢慢讓他認識你，並構築他所需要的安定因子。

如果把親密關係留到婚後呢？

看到這裡，肯定有人會想：「男人真可怕！也好危險喔！看來婚前發生親密關係好像風險很高。如果我等結了婚才跟他發生關係，這是否才是最安全的策略呢？」

很多媽媽都對女兒有類似的要求，但我個人是覺得這策略又未免極端了一些。

首先，就現實而言，性愛方面的契合與否、與婚姻能否長久還是有關連。不單單是男人會在意這種事，女人其實也會。萬一結了婚才發現男方在這方面有甚麼隱疾、或是特殊癖好，這對自己絕對沒好處。結婚又離婚，繞了一大圈，勞師動眾不說，這理由也實在很難到處跟別人哭訴。

再來，性愛後的男人才能看到「真面目」。那些追求時期的癡情與浪漫，終究是不完全可信的。所以，就算在交往過程中，也至少應該要看一次他「清醒時的樣貌」。畢竟結婚這件事，女人的風險是大於男人的，婚姻幸福還是比結婚證書來的重要，所以無論如何，我都會建議要親眼確認一下。

03

妳為甚麼想結婚？

到此之前，我們談的都是女性在戀愛市場上策略可轉變之處。可是僅學習策略並不夠，因為很多人其實對於結婚這件事有著不正確的認知與期待。這樣就算能順利結婚，長期而言可能反而是另一個苦難。所以這章節則希望能回頭談談，到底婚姻是甚麼？也想談談幾個容易讓人誤解並造成錯誤出牌的關鍵迷思。

婚姻不是用來解決問題的

我想強調的是，婚姻並不能幫人解決任何問題。很多人很想結婚的原因，在於認為結婚能「終結現況」，並展開一段新生活。

但這肯定是會讓妳失望的。原本就不快樂的人，結了婚也不會快樂。缺乏溫暖的人，婚後也不會感到心靈溫暖。工作不愉快，不表示嫁了人就是少奶奶。如果妳對現在生活不滿，結婚恐怕於事無補，甚至會讓狀況更糟。如果妳想追求快樂，應該先解決自己的問題，而非逃入一段婚姻之中。

某年的喜餅廣告在電視上強打熱播，但卻得到了褒貶不一的評價。廣告內容大致是說，女主角認為結婚後有了另一半照顧，就能遠離惡房東與壞老闆，而對生活困境絕地大反攻。但這絕對不是婚姻的全貌。每個選擇都有其代價要支付，離開老闆後並不表示生活就充滿了蜜糖與鮮花，更多人生層面的問題會隨之產生，老公相處、婆媳關係、妯娌爭執，也可能是隨之而來的代價。

我確實看過很多人在婚後深感失望並認為選錯了配偶。但追本溯源，其實都在於他們對婚姻給了偏誤的定義——當你對某件事情抱持錯誤期待時，自然會因為結果而失望的。

但這可能也不能怪一般人，因為從小到大，幾乎的童話故事或是愛情故事都把結局終結在「結婚」這件事情上。書中大都是男女主角在過程中受盡苦難直到兩人結婚，終於，帶著眾人的祝福從此「幸福快樂一輩子」。

當身邊有太多小說戲劇是在暗示我們所有的社會敵視、父母反對、現實壓力、相互猜疑、他人爭奪等困境，都會在千辛萬苦修成正果後煙消雲散，自然不免讓一般人誤以為自己結婚後，也將會幸福快樂一輩子。但那是誤解。這種劇情把人生過度簡化、也傳遞太多虛幻給視聽者，因為所謂的婚姻本質，根本不是這麼一回事。

婚姻的本質是甚麼？

嚴格而言，婚姻是一種「社會身分」（Social Status）的改變。

以人類幾千年的歷史來看，婚姻的核心目的其實只有一個：便於辨識「子嗣」以及隨之產生的財產從屬問題。換言之，婚姻在社會學的觀點而言，重點在於給予婚姻雙方一個被社會承認的地位，讓孩子能繼承父母的財產，並確保此繼承身分的合法性。

它並非一種愛情的證明，也不會「自動」幫妳解決任何問題，更不表示妳會因為這社會身份的改變自動得到愛情或是幸福。

有人會說，老僑你這樣講實在太誇大了，婚姻中的愛情層面還是很重要的啊。

我並沒說愛情不重要。我只是要提醒，愛情從來不是人類社會在婚姻這件事情上核心關注之重點。古今中外婚姻一定會伴隨財產、子嗣、與社會身份的轉變，但卻並非一定經由自由戀愛這件事。我們回頭往歷史的前端看，不用往前太久，五十年之前媒妁之言都還是婚姻結合的大宗。以當時的社會而言，婚姻的目的在於家族之間的整合。就算是現在，老一輩的人都還很在意結婚時「兩個家庭對外彰顯的相關儀式」。他們不覺得結婚是小倆口的事情，而是兩個家庭之間的事情；是兩個家庭社會身份（你看，這字又出現了）的變動。

事實上，更早之前，婚姻更是家族之間執行財產整合、領地擴大、權力鞏固所採取的手段。無論中外都一樣，政策聯姻、門當戶對的家族通婚、父母決定的婚姻制度，其實是一直行之有年的做法。

愛情與婚姻的綁定，與其說是人類對此儀式的自然定位，不如說是商業炒作而被過度渲染的結果。刻意炒作這議題的廠商包含了巧克力、鑽石、香檳、婚紗、劇作以及電影工業。它們試圖讓女性主導婚禮的決策，並告訴女人「有這些，才是愛情與浪漫」。

當然，我並不是因此就說，因為歷史是這樣演進、所以我們不需要考量感情這件事情；我更不是要去否定愛情的價值。而是反過來要提醒大家：對於作為一個單身的人而言，追求婚姻這件事情時，妳自己的「實際目的」又是為了甚麼呢？

在我的觀察下，發現很多在婚姻對象尋找遇到挫折者，走的往往是一個混亂的策略。一方面因為年紀到了急著想要結婚，換句話說，看似急著想要轉換自己的社會身份。但在行為上，卻又受到電影與小說的影響，認為婚姻「必須」是愛情的一個證明，而把「婚姻跟談戀愛混雜在一起了」。

就算是參與相親這類「目的性明確」的活動，也還是很堅持過程的完整。也就是對方必須要展現某種符合小說性的主動、追求、愛情、與浪漫，同時還要符合客觀的婚姻條件，但就現實而言，這其實是彼此矛盾的一個要求。

我的意思是，如果是為了戀愛，妳可以更享受過程，不用一開始就評估對方是不是夠條件結婚，也未必每次交往都得把婚姻大旗樹立在前端。但如果是為了想快速結婚，則可以更專注於妳想從婚姻中得到的那些目的與條件。雖然誰都想面面俱到，但有個「主軸」總是讓妳能先篩選出一些合適的選項。

日本人所謂「以結婚為前提的交往」就是這種事務性的產物。相親（或認識）當下覺得彼此不礙眼，大家就定期出來約會一段時間，以了解彼此的生活習慣與價值觀。確定沒甚麼大問題，兩人就結婚了。婚後彼此可能感情也很淡薄。這是好或不好，我不予置評。但就「目的性」而言，這方法倒是清楚也簡單。男女雙方也確實得到各自要的，在彼此合意下轉換了社會身份，讓彼此都降低社會生存的壓力，也找到了一個還不算討厭的對象。妳看，這也是一種選擇，當然也有代價要付。重點是當事人覺得有意義，旁人也無須置喙。

當妳清楚了擇偶其實不過是某種「利益交換」（Exchange）後，或許就能更客觀的思考這兩點：

1. 我有甚麼，又想要得到甚麼？
2. 為了得到這些，我願意犧牲甚麼去交換？

我觀察過很多女性，她們或許心理並非故意，但就行為表現而言，好像非常想在這個男女修羅場中「不勞而獲」。比方說，她們開出條件，並要求周圍的人按照這條件幫忙介紹。不符合條件者，連話都不願意多說一句。偶爾有個男人出現，她又刻意設立門檻希望對方付出很多來追求，但自己連基本的風險承擔都沒意願。想要得到甚麼（如帥哥、或是多金）並沒錯，但期待這些東西會憑空撿到就不切實際了。因為男人也都睜大眼睛看著妳的條件與價值；沒有一個平衡下，別人不會傻傻地投入、盲目的追求。

說起來，在這部份男人通常比女人柔軟得多，也通常很年輕時就知道自己想要的是甚麼。這可能因為男人很早就搞清楚自己的「市場定位」，自己長得醜，那就想辦法取得社會地位、或多賺些錢、或學會搞笑、或是學會世俗所謂的關心與關懷。男人為了想要的，也多願意放低身段。買早餐、送消夜、存錢買禮物、溫馨接送

情、無微不至的照顧，這些投資背後的算計是很明確也很清楚的。（這也是為何很多女人覺得男人為何結婚後就不一樣的原因之一）

就算這些手段都不成功，他們也知道何時該退而求其次，挑第二或第三選擇。這也是為何，男人最後總會從這市場遊戲中找到自己定位，並選擇一個可負擔的選擇。所以最終無法找到女朋友（或配偶）的男人就周圍比例上而言是少於女性的。

一句話來總結，男人發現自己天生不夠力，就想辦法找別的方法補救；實在補不上，那就降低標準。就像賣房子一樣。地段條件不好的，就裝潢漂亮些。裝潢漂亮也沒用，那就接受較低價格吧。總之，最後必能找到一個成交價位的。但女性在這部份上比較僵硬。一方面也是因為商業宣傳，讓女人把婚姻與愛情做了過度的連結，而忽視了婚姻在其他層面上的涵義，另一方面真的是訓練不足，讓人不瞭解市場怎麼看待自己，就有可能漫天喊價。

我並不是在此鼓勵大家降低標準，隨便接受一個人。本來每個人都有資格開條件的，喜歡金城武或是林志玲本也沒有不對。唯一的問題在於，開條件後妳得靠「自己的力量」去獲得。對方若條件真好的話，一定很多人搶、也一定要付出較高的代價才能擁有。所以若想搶到，恐怕要主動一些、要積極一些、要讓別人感覺你的優點、要對關係有所投入。

如果把知覺效用與知覺代價的概念直接寫成公式，這公式會是：**效用必須要大於代價**。畢竟對大部分人而言，婚姻尋覓的過程，就是依照這一個潛在的公式在進行著。差異僅在於有人意識、而大部分人毫無意識罷了。男人也好、女人也好，總是希望另一半的價值能高於自己付出的代價。所以大家都來接近你，表示妳能帶給他們更多的效用。可是若大家都不來接近妳，表示妳的效用低於他所需要付出的代價了。這時候，妳可以再思考在這公式中，有甚麼因子是可以再提升的：

效用＝外在條件＋內在價值＋沉沒成本＋非理性折損＋其他好處

沉沒成本指的是他已經在這段關係上投入的成本。大部分人很難從一段投入劇烈的關係上停損抽離。所以隨著他已投入的時間及資源越多，妳的存在價值也越高。

非理性折減指的是男人因為過去戀愛經驗，而額外給予加分之處。舉例而言，他跟一個長得跟妳很像的女人交往過並念念不忘。所以見到妳時，會相對於其他男人給予妳一個更高的評價，對妳的寬容度也更高。這就是非理性折減。可是這是妳在深入認識這男人之前無法辨識的事情，換言之，可遇不可求。

而其他好處，指的是男人跟你交往後能間接從妳身上獲取的利益。比方說妳家裡有大筆遺產、家人是高官、妳是名人等。

如果妳能從中做某些提升，讓自己效用更高，那最終必能獲取你所想要的結果。如果只是相信哪一天Mr.Right會在街角出現，那就是完全不理性了！因為若無法把自身的效用極大化，就算Mr.Right明天就在街角出現，他很可能也不會喜歡上妳。妳也只是讓自己在「錯的時間碰到對的人」。盡量把自己打理好，讓自己有價值，讓很多人喜歡自己，其實才是對自己的命運負責，也是對將來的Mr.Right負責啊！

快樂與穩定的代價

雖然婚姻理論上應該帶來穩定與快樂，但穩定與快樂卻並非婚姻直接的產物，也不是對方該給你的責任。那些其實是在雙方有共同目標下，一起達成的結果。換言之，幸福快樂的婚姻都是得透過小心規劃、用心經營、平衡需求、與適當妥協才能達到。

如果一方只是被動地開條件、等待別人死命追求，並認為這種童話故事的內容才是婚姻本質，那必然會在這遊戲中嘗到苦果。此外，童話故事中雖然都以結婚作為戀愛的結局；但現實中，婚姻通常更是人生的一個新開始、而不是一個結束。

結婚之後，會產生一些過去妳在單身時沒碰過的新問題，也會讓過去只需要一個人面對的問題變得複雜化（比方說你要把錢存起來付房貸，還是去買愛馬仕的精品包）。之前妳的問題只需要自己面對，但結婚後，還得煩惱別人的心情，並平衡自己的決策。另外，現實的柴米油鹽醬醋茶，也是生活須共同對抗的部分。兩人的習慣、價值觀、與生活態度，更是能否順利相處的關鍵。

之前就算有多轟轟烈烈的愛情事蹟，都不是婚姻關係長期維繫的重點。會影響婚姻關係的，不是你曾經多愛我，而將是兩人習慣吃甚麼、有沒有共通嗜好、牙膏從哪邊擠、如何花錢、如何存錢、親友關係、以及其他生活的瑣事。平凡生活會讓這類衝突加大與加深；至於不平凡的生活？柴米油鹽的壓力更會壓垮一切。

好的婚姻建構在兩人的性情相近、包容感、價值觀、習慣、喜好、以及穩定的經濟基礎。這些東西有，婚姻才能維繫。所以找一個伴侶，必須是人生長期能一起走過的伴侶。兩人得在價值觀以及生活習慣上相似，能有充分的經濟基礎，那這婚姻才會走得長且久。但若這些東西沒有，只有愛情，那只會快速燃燒，然後一切化為灰燼。

04

十五個不適合長期交往的特質

最後一個女生該知道的檢驗事項，是分辨甚麼樣的男人不該選擇作為結婚對象。

這可是一個非常重要的知識！不然就算妳把結婚的目標定義正確了，也做了一些策略上的改善，但若選擇了一個根本不適合結婚的對象，最終還是難有好結果。因為不適合結婚的男人，就算妳在過程中展現價值、交往用心、好好相處，這些存在於他們性格中的缺陷與原罪，還是可能讓長期關係觸礁。

在這裡列出十五點我覺得不適合做為結婚對象的特質。無論是正要擇偶，或是已經在長期交往的，都可以拿來比對一下。如果妳的伴侶只有其中一點，尚難斷定兩人結局。但如果有兩項甚至三項以上的，那恐怕不會是個好結婚對象。

當然，人世間總有例外，就算坎坷的天命，也有辦法靠人的毅力與努力扭轉。所以就算一個男人十五點都具備，也可能有女人還是能跟他幸福快樂一輩子。但是妳可有這樣扭轉命運的堅持？又是否值得為特定男人賭那極端性？這兩個問題我無法回答、也不加干涉，留給妳自己決定了。

1. 自我控制能力很差

這類人較難相處，妳得隨時小心不要說錯話、做錯事，不然很容易就莫名其妙挨罵。另一方面，自我控制能力差的人容易暴怒。無論是容易暴怒或是吵架時有肢體動作，就「長期關係穩定」而言，都不是正面的特質。若還要考慮養小孩，這樣的性格恐怕會更讓人傷腦筋。

就理性而言，要躲避這種類型的男人是理所當然的，但在交往初期，這種男人其實是很有吸引力的。因為自我控制能力差的人，情感面表現通常起伏較明顯，在愛意的表達上也會比較誇張。所以容易讓對方接收到，並產生「他很在意我的假象」。

這特質在兩人甜蜜時通常沒有大問題。就算吵了架，摔杯子、踢櫃子、砸完電視後，兩人抱頭痛哭倒也是一種激情的展現，反而更讓人覺得有「因紛爭而感情昇華」的錯覺。問題在於，一旦感情轉為穩定（當感情不再需要這麼大起大落）、或是客觀條件變差（比方說誰失業或是生活不順遂時），情況就會難以控制了。

除了妳要為日常生活操心，還得身兼他的情緒保母，這將變成蠟燭兩頭燒。甚至哪天妳打算分手那就更麻煩了。因為所有我們會在報紙社會版上看到的「恐怖情人」，根源都是源自於「自我控制能力很差」這原因。

PS.自我控制力差也包含對方可能會有奇怪嗜好。比方說長期酗酒、吸毒、或無法透過理智控制戒除壞習慣者。但因酗酒吸毒這類狀態可能造成的問題應該是常識了，我就不多談。

2.一刻也不能離開你

這類人需要妳隨時電話回報。他打電話來一定要接，不接就疑神疑鬼。整天都擔心妳跟別的男人交談、出門、或是任何互動。所以不准妳隨便外出，有男生的場合更絕不能去，有女生的場合也僅是選擇性允許。甚至出門的打扮穿著可能也都有所要求。有些女性認為一個男人會這麼擔心自己，應該是一種愛的表現。但實際上，這是一個錯誤的迷思。

雖然愛情會以吃醋的形式表現出來，但過度控制或容易極端吃醋，那其實是一種把對方「所有權化」的展現。這種擔心絕非源自愛意，而僅表示「我不能失去我的所有物，她得全心聽從我。」換言之，這不是愛妳，這是愛自己。另一種導致高度控制慾的原因則來自於自信心不足、或因為自卑所造成沒有安全感的情緒。他們擔心妳在認識其他男人並跟他比較後，將愛上別人。所以最好讓妳不要認識新人、避免比較，如此他就不用擔心害怕，也就不會有自卑感侵擾自己的問題。追本溯源，一切還是為了自己。

當然，兩人若持續力量對等或妳願意封閉在某個小圈圈中，他的控制慾並不會帶來太多問題。可是一輩子的時間是很長的。如果一旦妳哪天成長速度開始超過他，或是妳希望在職場上有所突破，或是妳某個時期想走出家庭開拓眼界時，那衝突就會展現。而這種衝突，幾乎可說是無解的。

3.自卑感重

自卑感跟控制慾很多時候難以區分。但自卑感重的人，百分之百最後反應出來的就是兩個特質：一是極度沒有安全感，二是很容易受傷。沒有安全感的人有可能最後展現出高度的控制慾，並希望完全的控制妳。這部分就會跟第二點的問題一致了。至於容易受傷的模式，則是很容易在言談中覺得妳拿他跟別人比較，並因此產生不良反應。長期累積，甚至會變成第一項提到的情緒容易失控。

換言之，自卑感重的人會讓兩人相處有很多禁區，而且他也容易用別的方式自我武裝。比方說好面子、比方說容易把問題外部化、也容易因為挫折而無法振作、再不然就有可能因為沒安全感而整天疑神疑鬼。總之，長期要跟控制慾強或安全感低的男人相處是很困難也辛苦的一件事。因為要不是妳得一直犧牲自己去滿足他的測試，再不就是讓他受傷與懷疑。可是只要他性格上的根源問題不解除，這類測試將永無止境。

最終要不是妳再也無法忍受委曲求全的生活，不然就是終究有一天妳會踩到他的痛腳。愛情初期，我們大多會願意做「過度犧牲」來保障這愛情。但若是婚姻為前提下，我不認為有人能長期壓抑自己去配合別人過活。換言之，這種搭配長期一定會崩潰的。彼此衝突、分手、甚至離婚，也是必然發生的一個結果。所以如果察覺妳的伴侶缺乏自信、或是控制慾強，最好盡早就換個對象吧。因為時間越長，這問題只會越嚴重、而非減輕。

4.沒主見、耳根子軟

這類型的特色就是不知道自己要甚麼。對於自己的慾望、方向、工作、或婚姻的相處方式，都是透過別人的價值觀來做自我定位。（媽媽爸爸、親戚大嬸、隔壁鄰居、公司同事、甚至心靈書籍。）

如果妳自己有清楚的目標，這類男人若也願意配合，妳之於對方就是那個帶來價值觀的「別人」，那是有機會構築一場合適的婚姻關係。但若妳想找一個一起打拼的夥伴，或甚至可提供依靠的對象，這類男性就未必這麼理想。因為缺乏自己價值觀的人，碰到挫折或是問題，比較容易被其他人的觀點說服（尤其是被媽媽或長輩說服）。

但通常生命中的大決策，周圍必然有很多抱持著完全不同面向考慮的人來勸說。比方說投資、工作、住哪裡、是否買房子、是否生小孩、如何教養、將來可能的婆媳衝突。如果他自己根本上缺乏一個清楚的主見與方向，別人的意見只會把將來兩人的人生搞得一團亂。

5.懷才不遇、眼高手低的夢想家

懷才不遇並非是缺點，但若持續的懷才不遇就必然是源自於當事人的性格缺陷。畢竟這年頭不比以前，如果你真有能力，總可以找到出路。能讓自己曝光的媒體也多得很，光透過網路就有很多人發光發熱出來。所以真正有能力的人，想被別人挖掘絕對是有很多方法的。

可是會「持續」覺得自己懷才不遇的，通常都是因為自己某種性格上的缺陷，比方說缺乏自省、或是習慣把問題外部化、或是眼高手低。這幾個特性剛好也讓這類人會隨著時間越來越難以相處。越覺得自己懷才不遇，越容易自憐、也越容易把憤怒轉移到周圍親友身上。

在相愛或是生活順遂時沒問題，妳會欣賞他、也會同情他。可是婚姻是一輩子的事，妳若之後成長得比他快，或是不再欣賞他那孤芳自賞的特質後，感情基本就完蛋了。就長期關係的穩定而言，這特質也絕對是個負面因子。

6.缺乏挫折忍受度

一個人能有多大的出息，其實仰賴於他對於挫折的反應能力。有些人能從失敗的過程中學到跳得更高的基礎；但有些人會因為失敗而把挫折透過不合適的方式發洩出來。其實會發洩憤怒也不是問題，日常生活總會累積壓力，也難免會因為事情而動怒。偶爾發發牢騷或是生氣並不代表甚麼負面含意，但是若無法從挫折中學習教訓就會是個問題！如果每次碰到挫折都只會往外發洩，最後往往會變的乖戾、怨天尤人、並逃避現實。

所謂逃避現實，可能是開始作大夢。工作不順利，就想要家裡資助來開個店面之類的。可是沒有受過類似訓練者，就算有人出資又能成為好老闆嗎？更糟糕的是，這類人失敗後往往把問題外部化。比方說，可能會抱怨前一次是因為開在住宅區人口太少，下次若開在東區生意就能順利。前一次是因為台灣經濟不好，所以下一次他想直接去大陸創業。而抱持這種想法的人，會在每次失敗時把自己的責任排除，而不斷希望家人再支助自己一次。

換言之，沒有自省的情況下，失敗的故事只會不斷周而復始。

我一直覺得，人生其實是很多小事情的累積。如果一些關卡無法過去，後面其實沒道理會突然順暢起來。尤其那些因為工作不愉快才突然起創業念頭的人，通常最後都很難有好下場。因為如果原本面對一兩個老闆都搞不定，創業後一下要面對一堆老闆，只可能更糟，不會更好。這樣性格者，家人通常最可憐。要不是成為埋怨的對象（我是為了養妳、才勉強去上班），不然就是會在生活上被拖住（不斷說服妳，他該離職去開店，並要妳同意把存款拿出來）。總之，長期婚姻關係中，妳恐怕都得忍受很多不必要的爭執與動盪。

7. 追太用力、太癡情、怎麼樣都要愛妳的

有些女人追求「感動」，認為若是有男人能一再給予感動、或是經歷各種刁難都能忍受的，才是所謂的「真愛」。

從我的觀點而言，這是個大錯特錯的認知。

這類「癡情行為」其實跟真愛未必有很直接的關聯。說得極端一些，那些妳若從不給對方好臉色、百般刁難，對方還抱持著獻身式的追求、想辦法一直「感動」妳的，其實都是絕對不該嫁的對象。

因為當追求始終沒有得到正面回應，還願意留下的人，內心的情緒其實已經不是為了愛情，而是為了自身的不甘心。甚至很多時候，當事人只是憑著「爭一口氣」在堅持著，連自己是因為不甘心留下都已不清楚了。可是這份不甘心，將來是需要償還的。要不他會期待妳得付出更多的來回報他，要不是就會在將來某個時段以抱怨的形式反饋回來。比方說，他犧牲了某個好機會而堅持跟妳在一起。

當這犧牲大到一定程度後（比方說一個薪水很高的國外工作），妳就要祈禱兩人將來絕不能有問題。不然這犧牲永遠會在吵架時被提出來：「當年我可是為了妳放棄出國的機會耶，今天妳怎麼可以這樣！」。妳以為百般刁難就一定是賺到了真心？其實將來都是要還的……這些也都會是未來爭執時的伏筆，絕非表面看得這麼簡單。（更多分析請見07 負回饋螺旋）

8.賭性堅強

這不用說，好賭者絕不是一個值得託付終身的人。不過這不單單是財務上的好賭，情緒上的好賭更是一大隱憂。

怎麼說呢？好賭的人特質是喜歡「戲劇性的結果」。做某件事情就是要大贏才有意思。換言之，他們好大喜功，那些機率低但能極度光彩的事件會特別吸引他們。所以他們在大部分的選擇上，都有選擇「機率低但戲劇性高」的傾向。

但要能從機率低的事件中取得成就，往往還需要其他光明的性格輔助。比方說堅毅、能力、人脈、經營能力、以及眼光。擁有這些特質、同時兼顧賭性，那確實有可能成為企業家類型的人。但若缺乏性格上的正面特質，賭性堅強的人就很可能同時伴隨「眼高手低」這個負面特質：好大喜功，但不腳踏實地；只看著機會、卻不考慮風險以及需要投入的努力。這種就可能長期賭輸，並讓性格面朝向更偏執的方向發展。所以若發現妳的伴侶有這傾向，要不是得好好引導他，要不是就得期待命運能很好好眷顧你們。但從我的觀點而言，賭輸的機率通常是大的。所以，也可以趁機檢視一下，妳自己是否也是一個喜歡去賭「機率低但戲劇性高」的人，所以才把人生賭在這樣的一個男人身上？

9.很重面子

這種人害怕別人看不起自己，所以需要透過財務或是物質面的方式武裝自己。比方說就算薪水少、貸款也要開名車，或把薪水拿去買與身份地位不合的東西。尤其在意別人看自己的眼光。重面子、愛花錢未必真是大問題，如果有個相稱的職業、收入不差，倒只是個小毛病。但重面子的人，妳要顧慮的是他背後的成因為何。會讓人有顧慮的成因大概會是這兩個：

—自卑感重，想靠物質面取得別人敬重。
—虛浮，不腳踏實地，想取得尚不符自己身份地位的東西。

關於自卑感重這點，請回頭去看第3點的說明。而後者這種人就通常伴隨著有想一步登天的傾向，或最少有傾向想透過物質的武裝，讓別人以為自己是一個比實際還更了不起的人。

想一步登天有甚麼不好？不好之處在於，當人過度急於想成功，在很多決策上就容易上當。加上他們急於致富，在財務上，就容易把自己暴露在風險上。（請參考第11點）無論這種好面子是因為自卑感或是想快速成功，都會讓這樣的人在財務上，變成不太可靠的伴侶。

10. 財務狀態跟妳差距太遠

講起來或許讓人會覺得傷心，也就是老一輩所說的門當戶對某個程度其實是對的。當然，並不是說家境平凡妳就不該去找個有錢人。嫁入豪門有嫁入豪門的代價，想清楚當然沒問題。只是請記得，老公有錢不保證自己就一定一輩子幸福快樂。很多時候快樂更來自於兩人有共同目標所一起奮鬥的過程。

不過，往有錢人嫁，通常問題小於「下嫁」。下嫁給落魄的男人，在兩人濃情密意時通常問題不大，但在長期婚姻關係上往往是個傷害力絕大的議題。畢竟婚姻不像交往，你們隨時都將在一起。錢要誰管？房租房貸誰付？日常生活費誰付？都是妳出得多，另一方恐怕也會有其情緒。對方甚至可能隨時疑神疑鬼或覺得自卑。時間長了，就難免因此而產生口角，亦可能成為彼此的心結。

除非妳真的已經投入很多的感情、很愛這個人，不然我是不建議妳去賭那微小的機率。在他熬出頭之前，柴米油鹽的生活瑣事可能就已經壓垮妳倆的感情了。

11.不夠腳踏實地

這樣類型的人大概有幾種。比方說，本身有著浪漫情懷，想成大事、但不踏實的類型，或是可能是急於想一夜致富，所以到處找尋偏方的類型。亦可能是前面提到挫折忍受度低，容易在某個方向碰壁時，想換個方式快速找捷徑的人。

這幾類人因為都急於想達到某個目標，但又試著想跳過中間的過程，所以就常常容易上一些財務詐騙的當。比方說很容易被那些快速致富的宣傳所吸引，傳銷說明會的話術也讓他們難以抗拒，電視股市老師更是讓他們蠢蠢欲動。總之，那種「只要三年，就能享受一輩子」的話術，常常能讓他們覺得很棒並忘記風險。

這類人最容易觀察出來的特質，是他們常常把「我的人生不該跟別人一樣」掛在嘴上。想讓自己的人生跟別人不一樣這點我是很認同，也是很肯定的。但是執行上不能好高騖遠，必須一點一點累積實力。不夠腳踏實地者，在真正起步前，鮮少會真的好好做些功課。比方說一心想創業，卻不願意去學學財務、管理、經營、行銷、甚至學手藝。只是憑著一股衝動，或是看甚麼好賺就想往那鑽。加上這些人往往也沒耐性，一下狀況不行也就萎靡了，然後又想要另外找個好賺錢的路子。這不就注定一直在做夢，以及美夢破滅的輪迴中打轉嗎？也因此，這類人若做為伴侶的角度而言，實在是會讓生活長期處在顛沛流離中啊！

12. 沒金錢規劃

金錢規劃應該不是太難理解的事情。長期生活畢竟還是需要對於未來經濟的籌畫。不過這部分我倒沒有設下很高的標準，畢竟經濟上的滿足度每個人不同。

但建議妳最少可觀察三個最低標：

—沒存款習慣、且不知道自己錢都花去哪裡。
—太早買名車、但收入跟不上。
—習慣動用循環利息或有高額貸款。

有這三個問題者，通常都是經濟能力有問題的徵兆。就算現在還可以勉強平衡，之後也很可能會在經濟上出現問題。

妳或許會問：若是沒有固定工作的男人呢？難道問題比上面三點來得小嗎？有上面三個問題者，就算目前薪水很不錯，長期的經濟狀況其實並不穩當。因為沒有存款的習慣、又有高額負債，只要有個甚麼變動、如失業、無薪假之類，這人很可能會迅速陷入經濟困境。但一個男人就算暫時沒有固定職業，但只要有儲蓄習慣（有存款）、又沒有負債，將來只要找到穩定的收入來源，經濟就有機會平衡了。

所以在跟一個男人認真交往前，妳得留心一下這個問題。不要只是看到他的職位、名車、以及揮霍程度就認為那是真命天子。長期婚姻生活，腳踏實地還是很重要的。

接下來幾點是世俗認為正面，或是一些老一輩人以為的安全牌，但實際並非如此的數項特質。

13. 太過純情與老實

長輩總覺得找個老實男人才能託付一生，但我對這觀點並不完全認同。當然，我並不是要妳找個吃喝嫖賭樣樣來的男人。但是若男人到了某個年紀還過度單純、天真、甚至老實，其實反而不一定適合託付終生。

首先，沒甚麼社會經歷的男人，他們可能容易上當，這是一個財務上的潛在風險。再來，性格太單純的人也可能在人際互動上較不擅長。這樣一來，他很可能沒有太多朋友，生活較孤僻，也助長了繼續天真的可能性。三來，太老實的人在工作上往往不容易有很大的突破，職場上的快樂度也不高，更會間接影響經濟穩當。

最後，太單純的男人，婚後一旦面對其他女人誘惑時，較容易陷入。以我觀察而言，那些臨老入花叢然後身敗名裂的，通常都是年輕時以老實著稱的人。他們沒經歷過誘惑、不知道自己的極限在哪，一但受到誘惑時，比任何人都容易走極端（比方說狂戀並堅持跟元配離婚）。換言之，太單純其實是風險，未必是加分。

14. 道德感、信仰、正義感太強

這種為何不好？因為在我的經驗中發現，一個人若太過於拘泥於道德、教義、信仰、對錯的人，往往在待人處事上缺乏彈性。尤其容易對事物的看法有過度主觀的傾向，會把事情的選擇都跟自身的道德感綁定在一起。

我更年輕的時候，只是隱隱約約覺得這種人好像哪裡不太對。可是又沒辦法明確解釋，一個人有道德感怎麼會是壞事呢？但隨著年齡漸長，我開始理解到，若一個人心中缺乏對他人的體貼與包容，所謂的正直與道德其實僅為一種自私的冷酷。容易強把自己的價值觀硬加在他人身上，並以敵視的態度面對所有在價值觀上跟自己有所差異的人。這在宗教狂熱、政治狂熱、或是環保狂熱者身上都可看到。跟他們認知不同的人，往往他們會抱持敵意、並覺得反對者都是大錯特錯、罪無可赦者。攻擊、辱罵、吵架、都會發生。

當然，如果在那些議題上，兩人的價值觀與道德觀都一致（比方說兩人都是相同的宗教團體、或支持同一政黨），那其實倒也還好。但若不是這樣，妳最好三思，不然日後很可能為了一些根本看似無聊的議題彼此吵架，甚至導致兩人失和。

此外，若妳家族龐大，有各類性格不同的親戚時，也很容易因為親戚的處事方式而讓對方有所批評，並造成長期紛爭的可能性。

15. 太孝順

喔？孝順也是問題嗎？

確實有可能會是問題。孝順雖然是美德，但太孝順的人，往往有犧牲其他人來「成就自己道德感」的傾向。就結婚的對象而言，這一樣不會是好選擇。

有女人以為，看男人是否孝順，可以延伸到他對情人的對待態度。這不完全是對的。一般會遭遇嚴重婆媳問題的，都可看到兩個女人之間夾著一個愚孝的兒子。

當然，極不孝順的，恐怕不是好人。但愚孝者，對身邊的妻子小孩就未必是好事。總之，古人所謂過猶不及，大致就是這意思了。

以上，是我覺得不適合嫁的十五個特質。有些一般女性會覺得糟糕的特質（如邋遢、身高、或是不主動）之所以我沒列出來，多是因為我認為那些特質對於長期關係的影響並不這麼絕對。比方生活習慣或是人格特質，畢竟每個人包容度不同，實在無法當成統一條件看待。但上述這十五項，卻是極大的問題，也是女生們該小心避開的缺陷。

05 如果我覺得目前的對象已經很不錯了呢？

就算碰到覺得不錯的男人，或正在交往，妳還是要持續保持自己在「市場上的競爭力」。

所謂保持市場上的競爭力，不是要妳騎驢找馬，而是不要讓自己有「絕對穩定」的安適感。很多女人覺得我找到男朋友、或結婚了，就不再需要吸引力了。這其實是錯誤的認知。一旦有這樣的安適心後，就會放任自己墮落。除了外表迅速垮掉以外，內心也開始停止不成長了。不出去走動，又不知道自己在其他男人眼裡是甚麼樣子，這樣就會完全不清楚自己「吸引力」下降的狀況。隨著時間拉長，自己一定會跟男朋友（或丈夫）慢慢拉遠差異。這段關係終究會開始變得不穩固。

所以最好的方式，是讓自己持續保持吸引力。確認自己還是受到其他男生的注目，也應該要維持適當數量的異性朋友。要讓自己保持充分的吸引力，其實是有很多事情要做的。必須要運動、要裝扮自己、要添購衣物配件、要自我充實、要跟社會接觸、要增加內在的氣質、要多認識人。做這些事情並不輕鬆，所以能給自己壓力。這樣，讓自己持續積極過活、讓自己保持在好的狀態，也能適度地讓自己另一半也有些壓力，讓他不會覺得妳跑不掉了。讓他意識到還是很多男人對妳虎視眈眈，這反而也是一種兩人感情的凝聚力。

更重要的是，女人若知道市場還是注目自己，也能帶來某些成就感。人家都說女人該多愛自己一些。我始終覺得，一個女人能讓自己持續保留戀愛市場的競爭力，其實就是愛自己最好的方法。因為這是一種風險控制的機制。萬一原本覺得不錯的男人，在交往一兩年後發現並非如此，妳還為自己保留一個轉圜的空間。當妳能隨時回到市場重新來過時，妳就有勇氣離開錯的男人。這才是對自己負責的做法。

06 久久不求婚的男朋友，該怎麼辦？

最後一個知識，是關於男生的求婚。

可能有些女生順利找對對象並交往了。可是一段時間後發現男生怎麼遲遲不求婚，這樣的問題又該怎麼思考呢？

如果兩人才交往幾個月，可能彼此還在觀望；可是若都交往兩三年，甚至更長久，他理所當然該有些表示了吧？就任由一年年的過去，甚麼行動都沒有，這男人到底在打甚麼主意？是不愛我嗎？我的青春他都不當一回事嗎？到底要我再等多久呢？

說起來，「求不求婚」還真是個男女思考上差異很大的議題。

對女人而言，提到婚姻多少有點「大日子」的味道——找到相愛的人，累積能量後，最美最幸福的迎接這個終點。但男人或許因為對婚禮沒有這麼大的憧憬，以至於大部分男人的求婚衝動，多少還是源自於「事務性」的因素。

而通常男人會想結婚，其實有這五個理由：

1.甜蜜期的衝動

兩人在一起濃情密意、難分難捨時，男人是最有衝動會想結婚的時候。

尤其對方若是三十歲以上的男人，很有成家打算時，幾乎都會在交往十八個月，也就是差不多一至兩年內做出決定。可惜，男人對結婚的憧憬卻跟交往時間成反比，若讓他忍耐過了前段，後面就會比較傷腦筋了。

很多女人都有類似經驗，在交往初期，只是講說某個東西好像很好吃，他就千里迢迢的買來。但交往一段時間後，女人就算在旁邊撒嬌說想吃宵夜，他也只是看著電視叫她自己去買。所以若想順利結婚的話，前兩年男人最積極想結婚的時光其實是該好好把握的。

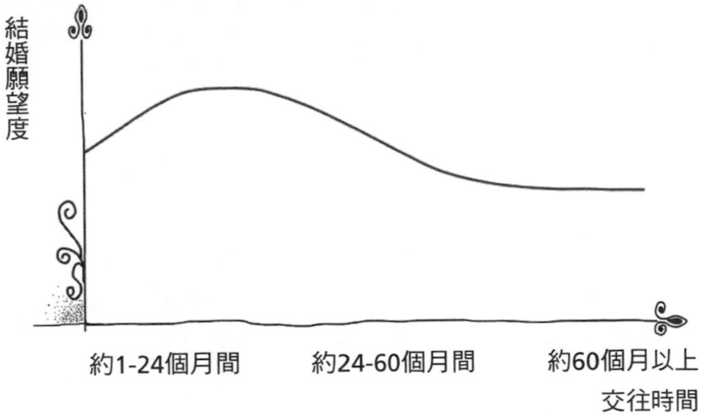

因為男人跟女人相反，剛交往時、心中有不確定感時，比較傾向用婚姻來圈住妳。但若這樣的心情過去了，後續兩人穩定了，他也就一動不如一靜了。這時候往往就變成妳急、他不急的狀況。這時候，可能就得仰賴後面的四個方法了……

2.患難見真情

出了甚麼生離死別的意外，通常也會讓男人珍惜起兩人的關係，並想承諾你一個未來。比方說海嘯兩人分隔又重逢、地震困在兩地好不容易又見面，或是起經歷過車禍而大難不死，這時男人情緒脆弱，也會想結婚。

可惜意外事件恐怕不是大部分人會希望碰到的事情。畢竟碰到意外能否僥倖存活誰也沒把握，而且天災人禍也是可遇不可求的事情。

3.理性實務需求

這很不浪漫，但我確實聽過有人結婚是為了稅務考量、移民、或買房子要登記名字。

這對大部分女人而言，恐怕都不會是一個好的結婚理由，所以應該沒有女人會希望男人是因為這理由來求婚的吧？若男人邊推著眼鏡邊拿出結婚登記表：「因為兩個人扣除額比較高，所以我們結婚好了？」肯定會被打飛的（無誤）。

理性因素雖然不是女人期待的結婚理由，但卻有可能是男人不求婚的理由。因為對於有責任感的想婚男人而言，顧慮到自己的收入還有工作穩定狀況，總會自問：「女人會不會希望等有車子房子後才結婚？」，反而他會遲遲不敢開口。這種時候，你若願意主動詢問，倒是關係突破的一個關鍵，畢竟男人很難開口問說「我很想娶妳，可是你願意一起過苦日子嗎？」婚姻關係要走得長久，彼此適不適合最重要，誰先開口其實是沒關係的。

如果能在交往初期就確認對方適合結婚，那在甜蜜期決勝負是不錯的選擇。至於若兩人交往很久卻不見動靜的，妳則該試探一下到底他是不想結婚，或是顧慮現實狀況而不敢有所行動。不然，若兩個互相喜歡的人卻只是相互等待著，那其實也是一種可惜啊。

4. 對壓力妥協

但若只是一昧等待男人求婚，這也未免太沒意思了！何況交往太久，男人想結婚的心會越來越低，所以有長期交往對象的女孩，也可嘗試「主動施壓」。

「主動施壓」這概念聽起來似乎平淡無奇，很多女孩都在做——看男方沒動靜，怒氣沖沖地詢問，非逼著對方要做些表示。「不結婚就分手」的宣言也可能會在激動下提出。更極端的，會想說是不是先懷了孩子，然後以此逼他就範。

不過，這類施壓方法其實是很危險的！男人或許會屈服，可是爭吵過程的不愉快或是以孩子逼婚的壓力，卻可能成為長期關係的破壞點。逼來的關係不但不甜美，還很危險，所以施加壓力可得更迂迴一些才行。

未滿三十歲的男人，心思可能都放在立業上，成家沒這麼看重。女朋友要交，長期也打算結婚；可是短期間，可能擔心結婚生了小孩，就沒這麼多時間在工作上打拼了。

除非你確定他壓根沒打算結婚，不然別自己出手施壓。相反的，多跟未來的公婆打好關係。有機會去男朋友家不要只是躲在房間，要多跟長輩聊天寒暄。只要男方父母喜歡你，把你當成未來的兒媳婦看待，那你其實就可以以逸待勞了！等他接近三十歲時，父母與周圍親戚自然會幫你施壓。記得：一定要讓壓力來自於男方長輩，要吵架也最好讓他們自家人去吵。若壓力是來自男方家長，你不會搞壞與他的關係，反而能成為他抒壓的避風港，這樣才有一石二鳥的功效。

5. 增加不確定性

若妳的男友沒有父母壓力，方法則該稍稍調整。男人不提結婚未必是不愛你。

很可能他愛，只是沒把結婚當成「立刻該做的事」。所以怎麼讓他把結婚當成當前的重點呢？就是試著「**提升他對這段關係的不確定性**」。

這甚麼意思呢？

男人畢竟不像女人對婚禮有所憧憬，結婚對男人而言也如前面所述，更像是一種「綁住女人的手段」。唯有妳讓他覺得無法完全掌握時，男人才會非常想求婚；若你已經穩定到跟家裡擺設毫無分別時，他就不太會開口求婚了。

所以，妳要讓他覺得妳持續漂亮有吸引力、總有別的選擇、有其他競爭者想搶，這時候男人便會衝動想求婚。若保持競爭力這遊戲妳覺得太危險，也可以嘗試讓生活有別的重心，將一段時間把重心放在工作或是準備考試等其他事物上。當

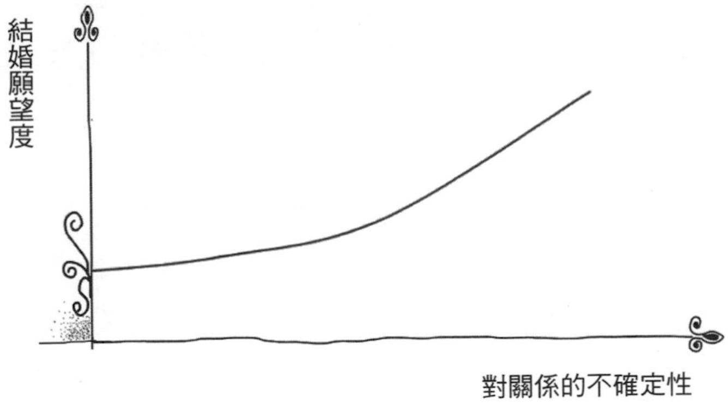

妳不再時時黏他、不再隨傳隨到，有別的事情在忙在專注時，他會感到你在疏離、也會開始有不確定感。只要這份不確定感讓他開始對未來有所疑慮，也就可能做出求婚的舉動。

總之，對男人而言、結婚的慾望等於對關係的不確定性。所以只要他還愛妳，但覺得妳難以掌握，就會想用婚姻來綁住妳了。但若妳的疏離他居然都沒發現，那也不壞，最少透過這樣一個小實驗，讓妳發現他其實根本不在意……

至於增加不確定性可提升男人求婚的機率的論述，有人可能看了會疑惑：「為何不確定性有效？對他更溫柔體貼、百依百順效果難道不會更好嗎？」

稟賦效應

這背後的概念其實可以透過「行為經濟學」的理論來解釋。在大部分人的心中，同樣單位的損失與收益，在心理效用上其實是不對等的。

如下頁圖所示，正中間的原點是現況。如果多得到東西，從原點往右，心理效用（曲線的部分）雖然會提升，但是增加的曲線較緩。可是如果是損失某個已經擁有的東西呢？這時候曲線會往原點的左邊移動。因為左邊的損失曲線比較陡，所以就算只是損失少許，感受到的負效用卻增加的很快。

對大部分人而言，損失的痛苦比收穫的快樂來的更強，也因此，人類會對潛在的損失做出過度反應，也願意投入更多的資源來確保現況能被保留。

這是「稟賦效應」（Endowment Effect）中對於損失厭惡的心理：當你擁有某個東西後，你會對這東西產生較高的情感依戀；一旦面臨要割捨時，痛苦將大的多。

一個簡單的例子，就是鞋店、服裝店、飾品店都會鼓勵你試穿，甚至鼓勵你穿全套。因為當你穿了，甚至還搭配了其他配件照了鏡子轉了幾圈後，你開始產生擁有的錯覺。

都拿在手上並讓自己美麗了，這時候要你只買部分或是割捨不買，心裡的痛苦度是很高的，比

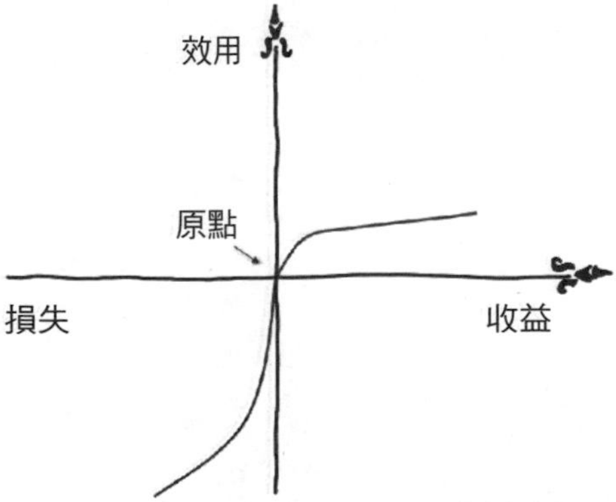

起都沒試穿，你這時需要更強烈的理由才能說服自己不要買。店員可能還補一句：「小姐，我們可以刷卡分十二期零利率喔！」你看！美麗能立刻保留，可是代價一年後慢慢償還，不心動嗎？另一個例子，是很多人明明覺得工作不好，可是卻不積極找新工作。因為既有的工作已經熟悉了，雖然老闆不好、薪水不高，最少穩定無風險。可是換個新的工作，誰知道狀況會如何呢？

同樣的，當你與一個男人感情穩定後，稟賦效應就對他起作用了。兩人感情不錯，或許偶爾有點小摩擦，相處模式卻也達到某個平衡點，這時候妳增加更多的效用，他可能感受並不強烈；但若發生可能危及到他現有穩定感的事情，他會更強烈感受到痛苦，並誘使他拿出更多的東西來確保這份穩定感不失去。

事實上，男人也常是在這種心情下選擇跟女生告白。兩人在曖昧階段、關係若有似無，他不知道妳到底抱持甚麼感覺，深怕多做甚麼顯得唐突，或是被妳拒絕，而甚麼也不敢做。若這時另外有個男生來追你，或是他覺得妳好像對他的關注力下降了，男人就會衝動的做出告白的舉動，而背後都是「稟賦效應」與「損失厭惡」的心態在控制著。

所以很顯然，當一段關係趨於穩定後，對他更百依百順是不足以讓男人衝動想結婚的。相反的，得讓他覺得穩定關係好像不穩了；明明是自己的女人，可是突然不敢這麼確認了。這時候他就勢必會想投入更多資源，以確保現況的穩當，而透過法律程序來保障自己的擁有權，自然是很顯而易見的選項了。

都沒用該怎麼辦？

最後，如果這些做了這些都沒效呢？會不會有這樣的狀況發生？

確實有。

最需要擔心的是這一種狀況：男人跟你交往，可是未必是真喜歡你。可能是喜歡你的聽話乖巧、迷戀你的肉體、或是偶爾寂寞需要人陪。如果你們交往很久，可是精神上的牽絆很低，男人對你肉體的需要大於精神的需要，或是住在一起但常常沒話講，就很難排除不是這個模式。

雖然就現代的社會而言，純粹想滿足肉體慾望的男女關係是存在的。可是若這不是你要的，那這狀況恐怕就得要調整。若你發現兩人關係是在這模式，你幾乎沒甚麼其他選擇，給予壓力也好、採取稟賦效應策略也好，其實都很難對他造成影響，這種狀況最終只能停損。千萬別想說慢慢他會愛上你，這機率基本上是不值得期待的。

07

負回饋螺旋

記得某一年，我去一個公司替他們上課。那邊是個離市區很遠的地方，所以課程結束後，對方公司的一位老先生特別開車送我去車站。

路程有點長，邊開車他邊興致高昂地跟我聊天。從課程談到他們公司派系，又轉到女性在工程公司有多吃香這件事，最後不知道為何，他開始講起以前一個同事追求廠花的故事。在停紅燈時他轉頭來看我，跟我說到：「很不容易哪。追了人家很久，人家都不理他，每次都給他排頭」。然後大笑起來拍著方向盤：「不過啊，努力很久後最後還是給他追到了啦。」

我直覺問說：「不過……那段關係應該沒有持續很久吧？」

他訝異地轉頭看我一眼：「是啊！」停頓了一下又說：「後來兩人雖然結婚了，但是似乎結婚三年後就離婚了！真難想像之前是愛的這麼死去活來的。」

他好奇地反問我：「只是你怎麼會猜到呢？」

這種狂戀會有個短命的結果其實並沒那麼難猜。因為「追」這種事情，並沒有字面上這麼浪漫。

所有追求者他們起始的目的通常都是好的。但是當女方持續排斥，男方卻死不放棄時，維持這份追求動力的往往就不再是一開始的理由了。男人嘴裡都會說，「我只是喜歡你、希望能做些對你好的事情」，但坦白說，那是自己騙自己的話。追求最終，誰不是為了「自我滿足」呢？當長期「追」一個人，但對方始終沒有對應的回應時，男人就會開始對未來產生「不理性的期待與幻想」。所謂幻想指的是不斷產生將來成功的幻想，以及在一起能多美好的幻想。就如同受困在沙漠又餓又渴交迫時，妳會開始幻想脫困後要大吃大喝甚麼東西、以及做那樣的事情會有多快樂。

這種腦內麻醉的情緒，會讓人堅持下去，並讓男方產生「更強烈」的動念以堅持自己追求的行

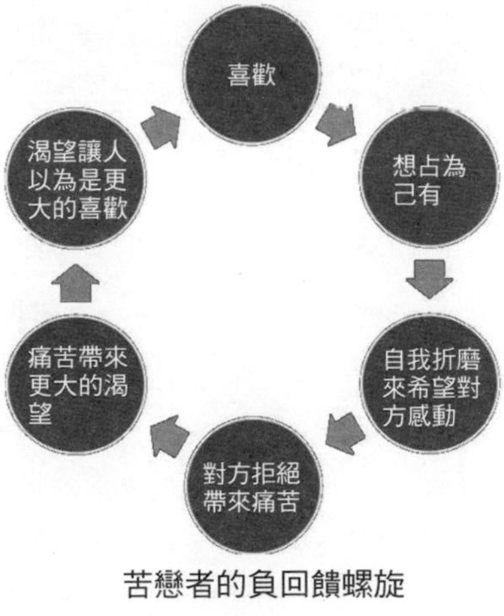

苦戀者的負回饋螺旋

動。而大部分男生，會試圖用「更激烈的行為」以試圖影響對方的想法，並期待能得到回應。最終將不可避免的進入一個「負回饋螺旋」。

隨著對方拒絕越多，追求方會產生「自己真的很喜歡對方，喜歡到不能沒有她」的錯覺。這錯覺的能量會隨著時間拉長、以及求愛持續被拒絕而不斷升高。

最終，雙方將產生越來越不對稱的關係。正常來說，不對稱的關係，是很容易會自然崩壞的。正常人不會老是做熱臉貼冷屁股的事情。不過有三種情形能讓不對稱的關係維持一段時間。

1. 本身對這關係的目的並無所求（如父母對子女）。
2. 有一個明確的利益交換（如要討好客戶簽個大單子）。
3. 那不對稱的委屈其實悄悄地轉化成「某種不可見的型態」被隱藏了起來。可能被藏的太好了，好到連當事人都無法辨識出。

進入負回饋螺旋的人會不斷受傷，然後不斷的試圖用更強大的能量來改變對方。這樣的努力，會讓心裡累積的委屈越來越強大。到了某個階段後，這份堅持所依賴的已經不是喜歡了，而是不甘心與憤怒。追求者只是在耗盡全身力氣在「爭取認同」。不過，當事人通常都難以察覺到背後這股委屈力量的持續醞釀。非要到某天自己無力承受，徹底崩解下來，才能從這負回饋循環中解脫。當然，更有很多人是怎麼樣也無法解脫的……那些我們在社會新聞上看到會去縱火或是跟蹤的恐怖追求者，通常就是投入太深、無法靠自我崩解，又無法獲得認同，只好靠恐嚇或是傷害對方來平衡自己受傷的心。

看到這裡，妳可能會好奇萬一自己最後受到感動而接受他，又會如何呢？如果接受他，狀況通常只會更糟糕。因為女方若因為任何理由最後居然接受了那份追求，並不表示過去的不平衡就此可以煙消雲散。相反的，只是讓穩定的結構趨於另一種不穩定，並讓兩人的關係會很快地朝另一個極端崩壞。

這怎麼說呢？為何接受了反而結構會不穩定？

因為過往地位的長期不對等，追求方努力試圖拉近兩人的距離。他做一大堆痛苦不堪的事情，可能只是為了見女生一面，甚至只求能聽到一句感謝。「被接受」這件事情，恐怕已經被當成遙不可及的夢想在看待。這一切，就像透過肉體自我折磨的苦行僧。苦行僧為何能堅持一輩子？這是因為得道幾乎是不可能在現實中實現的願望。於是，長期折磨變成是讓自己能堅定持續下去的一種手段。而這折磨帶來的痛苦，則是讓修行者感受到自己的努力。也讓自己有一種「為了追求美好境界自我犧牲」的那種悲劇英雄感。

換言之，如果目標是永遠不可能達到的，那就沒事，人可以不斷測試自己忍受痛苦的極限。可是、目標若是可以達成的，那反而對當事人而言是很慘的事情。因為負能量會在目標達到後，一股腦的湧現。夢想一旦變成現實後，當事者才會發現自己過往的「過份用力」。試想想，當過去被視為女神般的對象終於接受自己，展現常人也有性格，甚至常人般的依賴後，一切將變得跟過去完全不同了。原來的她是多麼的高高在上，是可望不可及的對象。摸摸手都覺得褻瀆了。可是當她變成女朋友或是妻子後，她開始展露凡人的一面。原來也有情緒、不這麼完美、也會挖鼻孔與拉肚子。一瞬間，完美性與神性都徹底崩壞。這身分轉換會讓他產生知覺上的落差。

再來，過程中因為努力及過度耗損所產生的負能量，還有因為所有過去的不平衡、委屈、與憤怒，會在得到的一瞬間爆發出來。他開始產生要求、期待回收、期待「幸福快樂的愛」所帶來的「收穫」。他會覺得，我之前對妳這麼的好、這麼百依百順，妳現在終於也愛上我了，那也該是我要從這感情中得到甚麼了吧！妳既然是我的女朋友或是妻子了，也該盡些「義務」了吧！

可是女方會覺得，我是認同你的披荊斬棘、是認同你度過了這些考驗才點頭答應跟你交往。所以你應該要「對我更好」，或至少也該如同以前一樣。

從這就可以看出，開始交往後、兩方的思維明顯產生牴觸。女方認為交往後他就變了。男方則失望於女神也不過如此，過去的想像跟現實有很大的落差。他開始會認為過去的犧牲不值得，也會察覺過去自己實在太用力了，用力到毫不值得的地步。更因為覺得不值得，就會希望女方要多付出以「彌補」他的用力過度。但女方覺得你對我沒以前好了，也會以降低熱情來反制。所以，兩人開始進入另一種的負回饋螺旋，最終這段關係注定只會毀滅。

Ⅵ 最終章

01

別期待不存在的標的

大部分80分女生因為條件不錯，從小到大身邊都有男人試著追求，所以不少人其實產生了一個對自己非常不利的策略：**她們從周圍選擇一個對自己最好的人，然後試著把他調整成自己喜歡的樣貌**。

可是這個方法的成功率是很低的，也造成極高比例80分女生走在一條坎坷的戀愛路上。因為對自己最好的人，未必是能順利攜手走一輩子的人。首先，他可能是演的，只是因為迷戀妳的美色。再來，對自己最好的人，很可能有前面提到的那十五個缺點，所以認真交往後，雖然濃情密意，可是走入婚姻風險很高。最重要的是，人的性格在七歲以前就已經確定了。妳沒有辦法將人做大幅度的個性扭轉。

瀟灑大方、不拘小節的男人吸引妳，可是交往後卻想把他改變成一個會仔細計算財務的好老公？

這想也知道是非常艱鉅的任務，反而只是讓交往越深爭吵越多，最後極可能是花了三、五年仍以失敗告終。女人能有多少個三、五年呢？一次失敗後，女生常常又得花幾乎同樣長的時間來自我調養。等到有勇氣再來一次時，自己最精華的時間已經過去了。以整個二十歲而言，了不起談個三次戀愛已經算很多了。可是世界上有多少人呢？要在這三人中碰到完美契合的機率多低？這也是為何好的戀情極少，而那些如童話故事「從此幸福快樂的」終究只是鳳毛麟角。

我認為，好的方式應該是要反過來：應該優先辨識出能長期相處融洽的對象，並從中篩選出自己喜歡的人。長期關係的基礎還是在於兩人有共同的目標。妳對於生活不安定感高，那妳應該優先認識一群經濟有基礎的男人。妳對於生活情趣很重視，那應該先認識一群喜歡藝術、愛好戲劇、有深度的男人。妳喜歡到處旅行吃美食，那應該認識有相同興趣與喜好的男人。換句話說，我很相信一段婚姻能維繫的基礎，就在於：

—興趣與生活習慣相符
—沒有你絕對不能忍受的缺點
—價值觀相近
—經濟穩定

尤其前三項最重要。因為經濟不穩定，自己若擅長賺錢加上對方性格成熟，也還是可以平穩過活。但若兩人興趣生活習慣差距太大、價值觀都不相同，那這段關係其實很難走得長久。

可是妳說：「我也需要兩人有愛啊！」

所以在交往前，你該盡量認識很多符合穩定長期關係的對象，並試著讓其中的人喜歡妳、愛上妳。相較於要把一個妳喜歡可是性格差異很大的男人改造成妳要的樣子，讓一個具備理想條件的男人喜歡上妳，後者真的簡單得多。採取這模式的話，戀愛的機率將可以大幅提高，也確保兩人只要能彼此相愛，後半輩子也不至於出大錯。

02 為了Mr Right，妳該提早準備好

看到這裡，我希望妳也能認同目前的結論：被動策略不是好策略，它的期望值是很差的。

讓這個狀況更形惡化的，在於追求這事情，本身就是一種不對等的行為。條件較好的人不會優先追求條件較差的對象。所以女生若只是等待男生來追。那來的必然都是條件略差於自己的對象。那種小說或是偶像劇裡「公子哥愛上平民女生」的劇情在現實是很稀有的。事實上因為這種事情幾乎不會發生，所以才會拍成偶像劇。讓眾多寂寞的觀眾能從中獲得療癒。

所以女生最重要的，是要盡早學會，並多多練習低調的倒追法。看到自己覺得合適的對象時，透過技巧，讓他們感受到妳釋放的善意與好感，鼓勵他們接近自己。一方面可以讓妳更熟悉戀愛市場的遊戲規則，也能讓妳主動篩選出合適的對象，更能讓自己熟習戀愛技巧，長期能成為一個好情人。雖然講到練習愛情這概念，很多女生會覺得詫異，可是練習卻是很重要的一件事情。妳碰到一個各方面都完美的男

人，可是卻不知道該如何跟對方相處，面對他時緊張得說不出話，不知道如何合宜的打扮、不懂如何讓對方感受自在與愉悅。很顯然，妳有很高的機率會搞砸這段關係。如此一來，就算命運把Mr.Right推到了妳的面前，妳還是沒辦法讓他留在妳身邊。

妳的矜持，只是害了自己、也害了將來的Mr.Right。

03 Mr.Right在哪裡？

很多女孩相信，在茫茫人海中，一定有個Mr.Right，而且總有一天我們會找到彼此，並攜手走一輩子。這也是高靜摩擦力門檻的由來，因為女生總希望藉此測驗誰最有心。但實際上，女性找尋Mr.Right的篩選器，該是要類似一個吸塵器。前端開口很大，盡量吸納，等他們靠近後才層層篩選。最後則是一個很小的開口。

換句話說，妳需要盡量吸引大眾以求母數的增加。從這群「男性朋友」中挑選出符合妳長期伴侶特質的男人。也就是上面提到的價值觀、人生目標、生活習慣等議題，並確保他沒有你憎惡的問題。這類人篩選出來，就算最後不能是男朋友或是老公，也可以是一輩子的朋友。然

後再來做第二階段的篩選，也就是觀察他們是否有性格上的缺陷，或是有我提到的那十五個問題。這時候數量可能已經不多了，所以妳可以開始試著跟這些人約會看看，看妳對誰最有好感、誰又能被妳吸引而產生對你的好感。那麼這或許才是真的Mr.Right！方法與傳統80分女生的方法其實沒甚麼太大差異。唯一差別在於這方法能把緣分的要素降到最低，能盡量靠自己的力量來取得最高的勝率！

04 最終總結

在此列出幾點，幫大家總結並便於記憶本書的內容：

1. 優質男人減少，可是女性變優。80分女生已經是戀愛市場的中產階級。
2. 女人的戀愛時間是類似鑽石一樣的圖形。精華時間若沒把握好，後續要逆轉很困難，但男人卻有很多的逃生口。
3. 男人生物學上的傾向是散佈，他們天生就是多情的物種。可是他們在心理上卻會跟能讓他們感到安心的女人建立長期關係。所以控制他們的恐懼，讓他們覺得跟你相處很能放心，能夠增加妳的勝率。
4. 男人跟女人交往，有三種心理模型。分別是肉體關係、激情關係、以及安定關係。若以結婚為目標，妳要控制力道。男人投入不足的，有可能會以肉體關係框架妳；男人投入過高的，有可能對妳產生激情與迷戀，但情緒上會走入負回饋螺旋。

再來是愛情的市場策略：

1. 美女會吸引男人的第一目光，女人應當利用這點。適度妝點自己，以便吸引男人的注意力。畢竟那才是讓男人開始認識你內心價值的起點。
2. 妳若不願意讓自己靠外貌吸引男人，表示你可能在心裡頭的有某種彆扭，恐怕也在跟那彆扭對抗。找出那原因，並想辦法解決那問題。畢竟我們的心再好，也是得要讓別人認識我們之後才有辦法展現。
3. 女人本能上有可能設定一個極高的門檻，等待男人來展現誠意。可是這必須隨著年齡來做調整，因為男人從約會獲得的效用會隨年紀降低，男人願意為愛情努力的力道也是一樣。
4. 過高或過低的門檻，對於長期關係都不是好事。
5. 適度包裝是個好方法，可是過度包裝卻不是好事，因為你拉高了對方的期待，開始交往後也可能帶來同樣的反作用力，也就是對方失望的心情。
6. 當妳吸引男人接近後，應該要挑選出妳感興趣的對象，並主動地釋放訊息。避免只是空等男人來接近。
7. 女方主動很重要，因為可以避開人們有「往上嘗試、而非往下挑選」的傾向，以及「資訊不對稱時的道德風險」。

8. 女方主動不是倒貼，而是採取下面五大步驟：

—差異市場，妳得跟周圍其他人不一樣。

—策略間接，暗示妳感興趣的男人，鼓勵他們來追妳。

—戰術直接，妳在跟他們互動時，可以強化接近的力道。

—力道平衡，不要一股腦把自己的價值都丟出來。

—公平交易，即見即得，讓對方能了解妳的缺點。也確保對方選擇妳，是有想清楚的決定。

9. 最後，無論任何狀況，都要確保妳在戀愛市場的吸引力。不是要妳劈腿，而是要妳不要遠離市場。貼近市場，才能觀察曲線下彎之處在哪裡，也能讓另一半略有緊張感。因為戀愛中，無論誰有了確定勝利的感覺，這段關係就危險了。

10. 不要讓自己陷入一個進退兩難的境地：一個男人不夠完美，可是僅因為自己沒別的選擇，別一直努力忍耐、或試圖改變他。人是不可能被改變的，讓自己找到一個能忍受自己缺點的男人，才是長期關係的基礎。

然後是檢驗愛情裡的盲點：

1. 性愛後的男人面貌，是妳最容易看清楚他真實心情的一刻。
2. 釐清自己到底是為了甚麼目的結婚。錯誤的目的，就算順利結婚，長期下來也不會快樂的。
3. 觀察交往的對象是否在那十五個分類中。如果有，好好想想該怎麼處置。
4. 避免讓男人進入「負回饋螺旋」。追得太拼命的男人，最終只想一次拿回過往的不甘心。
5. 最後，別把自己的人生交給命運。學習管理知識、控制人生風險，把主導權拿回來！

05 「管理」愛情的意義在於風險控制

自己的人生必須要靠自己的力量來獲取幸福，千萬不要期待不勞而獲。並不是當個好女生，神就會自然把好男人送到妳面前。神或是緣分或許會讓妳們認識，但是要讓這緣分萌芽生根的關鍵，在於好好的「管理」這段關係。

市場學、經濟學、行銷學、還有管理學的知識，都是一些讓我們看清楚大局，了解我們怎麼在資訊模糊下做勝率最大決策的方法。而這些方法，剛好可以拿來填補「運氣」外的部分。唯一差別在於過往這些知識是用來將產品或是服務推廣出去。戀愛的起點終究也是「推廣」。如果妳能把自己的特質讓更多人知道，並確切的切到符合妳需要、且也需要妳的「族群」中，會比亂槍打鳥更容易找到妳渴望的對象。而且透過合適的策略來篩選試圖接近妳的男人們，也可以花更短的時間確定誰是真正適合妳的人。這樣談的戀愛品質才會好，後續的結果也才可能理想。

所以用市場的角度來看愛情，並非是要褻瀆愛情，反而是一種腳踏實地的生活方式。也算是一種對自己、以及對他人負責的態度。

畢竟若妳認真的看待感情以及婚姻的經營，釋放正確的訊息、跟對的人繼續，那可以避免自己受傷外，也可以避免害到別人、避免彼此浪費時間。對自己、對他人，都能帶來正面的價值。

後續也歡迎大家關注我的網站：【大人學】（www.darencademy.com）與戀愛相關的知識文章，以及戀愛課程都可以在此查到。

附錄：80分女生到底該認識多少人？

01 妳沒發現的婚姻市場陷阱

下表是截取內政數部截至2015年底的全國人口統計數據的部分內容。要搞懂愛情市場發生了甚麼問題，可以先從人口比例來觀察。我們若仔細瞧瞧這張表，會發現在25歲到39歲的人口裡面，男性總人口數約有277萬人，而女性總人口數則為274萬2千人。兩者人數非常接近。所以就比例而言，25歲到39歲台灣男女是接近一比一的。

若我們再檢視一番，會發現在這274萬2千人的女性之中，其中約有123萬2千人是處在「未婚」的狀態；但在同樣年齡層的男人中呢，居然有高達162萬7千人是未婚的。

照理來說，男女的人口比例既然是一比一，且同年齡層中未婚男人又比女人多了將近40萬人

年齡別	總計		未婚	
	男	女	男	女
2015年	11,712,047	11,780,027	5,481,055	4,739,202
15-19歲	781,104	718,731	780,330	715,507
20-24歲	833,406	770,557	815,680	731,630
25-29歲	818,133	768,294	708,498	579,184
30-34歲	948,459	949,465	557,948	395,632
35-39歲	1,004,245	1,024,829	361,244	257,661
40-44歲	877,836	903,196	201,248	164,807
45-49歲	913,117	926,007	144,528	126,697
50-54歲	926,100	945,217	103,655	90,999

（等於是此年齡層中未婚女性的1/4），表示在整個婚姻市場上，未婚男性是「遠遠」多於女性的。

就數學比例來看，每個未婚女性身邊應該都要有1.25個追求者才是。這樣的人數差異，理應讓女性極度吃香。婚姻市場上女性應該會很容易找到伴侶才是？但為何實際感覺並非這麼一回事呢？為何我們身邊這些優質的80分女孩們卻始終等不到好緣份？

是因為她們條件還不夠好嗎？

應該不是，畢竟有很多條件沒有她們這麼理想的女孩子也都早早結了婚。所以：一個值得懷疑的因素，會不會是這些好女孩其實不是沒人追，只是追求者都不讓她們滿意？換句話說，有沒有可能是未婚男人的「量」很多，可是符合女性期待的「優質」男人卻沒有想像的這麼多

男女未婚人數比例圖

呢？

所以我們或許可以進一步的研究一下，這162萬男人中，到底有多少人稱得上是「優質」的婚配對象呢？

02 優質男人到底有多少？

為了訪查這資料，我又跑去行政院主計處的網站，下載到了一份名為「受雇就業者每月主要工作收入」的資料。

雖然不知道為何，在這份資料中25-39歲的男人總計只有208萬6千人左右，數據明顯跟前面那份表的內容有所差異（前面內政部人口統計那份的男性總數是277萬人）。我猜差異是源自於兩個原因。

1. 資料有提到，就業數據是不包含武裝勞動力以及監管人口。表示軍職以及在監獄服刑的人員應該沒有被涵蓋在其中。

2. 主計處的資料來自於問卷訪查。這

項目別	總計（千人）	未滿15,000	15,000-19,999元	20,000-24,999元	25,000-29,999元	30,000-34,999元
男	4 691	91	99	328	756	921
15-19歲	55	19	6	14	12	2
20-24歲	295	36	13	58	96	57
25-29歲	612	5	10	58	160	163
30-34歲	757	6	9	39	141	200
35-39歲	717	2	6	34	99	144
40-44歲	623	1	6	26	72	113
45-49歲	577	3	10	30	59	81
50-54歲	500	2	14	28	50	76
55-59歲	350	5	10	25	40	59
60-64歲	164	5	10	11	23	20
65歲以上	41	6	5	7	4	5

主計處的104年人力運用調查報告：受雇就業者每月主要工作收入

不像內政部透過戶政系統直接累積的資訊準確。

但縱使有些誤差，這份資料還是可以讓我們一窺男人的收入狀況。

這標準可能會因人而異，我這裡打算以薪資當成一個「初步的」篩選標準。因為薪資涉及到未來家庭的經濟穩定度，所以我相信這是所有想結婚的女性都會考慮到的要素（這恐怕會比男人會不會做菜、喜不喜歡藝術、品味如何等條件來的更有指標性）。當然，妳可能會覺得那些要素也很重要，不過這可等我們把第一輪的人數篩出來後再來考量。

為了不要男人們太嚴苛，我以「每月收入在4萬以上」做為本次的篩選條件。雖然這收入稱不上高，但若夫妻倆都有在外工作的話，這薪資要在台北過活應該還差強人意才是。當然，或許會有讀者覺得這收入過低，不過高還是低可以稍後再來討論。總之我們就先來看看4萬月薪的狀況到底是如何。

項目別	40,000-44,999 元	45,000-49,999元	50,000-59,999元	60,000-69,999元	70,000元以上
男	512	300	447	241	308

月薪四萬以上的數字（千人）

以主計處這份報表中的數據計算後，我們可以發現目前台灣月收入在4萬以上的男人，約佔有效樣本總數的38.0%。總共有180萬8千。

180萬人這感覺可是很大的一個數量呢！

不過要提醒大家的是，這數字可是包含了各年齡層的喔，從15歲到65歲都包含在內。若我們僅考量「適婚男人」、也就是介於25-39歲這個區間，那比例可就沒有這麼高了。這數字將會從38%驟降到僅有14.05%，也就是65萬9千人。

將近66萬聽起來好像也還不少呢！但還是請先別高興得太早，因為這數字是這年齡層的「所有人口」；換句話說，這其中還包含了「已婚男人」。

為了解決這問題，我又到主計處的網站搜索。可惜主計處並沒有提供同時包含年齡以及婚姻狀態的收入數據。所以我只好透過另一份以「婚姻狀態」呈現月收入的表單，來做分析。雖然不完美，但勉強夠讓我們再多

項目別	40,000-44,999元	45,000-49,999元	50,000-59,999元	60,000-69,999元	70,000元以上
男	512	300	447	241	308
15-19歲	-	-	-	-	-
20-24歲	10	4	6	0	-
25-29歲	46	33	30	9	8
30-34歲	90	43	59	22	14
35-39歲	101	50	78	35	41

台灣月薪破4萬且介於25-39歲的男性比例。

取得一些資訊。

根據下表，我們可以發現，未婚且收入在4萬元以上的男人，共有42萬9千人，並佔所有未婚男人總人數的22.15%左右。不過，這數字麻煩的地方在於，它是把15-65歲以上的人口都涵蓋在其中。

所以我們現在有兩個數字。

1. 65萬9千人，這是25-39歲之間月薪在4萬以上「單身及已婚男人」的總計。
2. 42萬9千人，這是「15歲以上」月薪在4萬以上所有「單身男人」的總計。

真尷尬，兩個數字都有些資料是我們用不到的。所以我們還需要再多找些數據。但很可惜，我並沒有辦法再從政府的公開資料上找到明確的數據，所以接下來我們只能靠既

項目別	40,000-44,999元	45,000-49,999元	50,000-59,999元	60,000-69,999元	70,000元以上
男	512	300	447	241	308
未婚	164	86	100	41	38
有配偶或同居	320	199	331	195	259
離婚、分居或喪偶	28	15	16	6	10

受雇就業者每月主要工作之收入：按婚姻狀態分

有數據推敲……

若我們回去「受雇就業狀況按年齡分」這張表。我們可以試著計算25-39歲適婚年齡的男人到底佔所有4萬收入者的多少百分比。

透過這表，我們可以看到25-39歲月薪在4萬以上的，共有65萬9千人。25歲以下月薪有4萬以上的則有2萬人。至於39歲以上月薪破4萬的，是有112萬8千人。以上加起來後，總人數是180萬7千人。

若我們把25-39歲的適婚年齡人口除以總人數，25-39歲的男性占所有月收入4萬元以上男性人口的36.47%

前面曾經提到，15歲-65歲之間月薪在4萬以上的「單身男人」總計有42.9萬人。那其中的36.47%，將約等於15.6萬人。

所以到此為止，我們可以得到一個初步的

項目別	40,000-44,999元	45,000-49,999元	50,000-59,999元	60,000-69,999元	70,000元以上
男	512	300	447	241	308
15-19歲	-	-	-	-	-
20-24歲	10	4	6	0	-
25-29歲	46	33	30	9	8
30-34歲	90	43	59	22	14
35-39歲	101	50	78	35	41
40-44歲	84	45	79	50	57
45-49歲	70	45	71	52	67
50-54歲	61	44	66	32	54
55-59歲	35	22	39	25	39
60-64歲	13	12	14	15	23
65歲以上	2	3	4	1	4

結論：在台灣，處於適婚年齡（介於25 到39歲）、單身、且收入超過4萬元的男人，大約是15.6萬人。

這意味著就算女孩子的野心不大，僅是想找個年齡介於25歲-39歲之間且收入超過4萬的未婚男人，以目前162萬個介於25-39歲間的未婚男性而言，遇到黃金單身漢的機會其實僅有約1/10。當然，若你考慮到兩個政府部門的數據有些落差，我們可以把15.6萬乘上1.33倍，也只是讓數字變成20.7萬人。相較於160萬也還是只有約1/8。換言之，你得認識八個單身男人，其中才有一個有月薪4萬以上。若你嫌4萬月薪太低了，那能選的男人數量恐怕就更少了。當然，我們至此可都還沒考慮外表、身高、及其他內在要素……

我以5萬月薪另外多算了一份。5萬月薪的單身男人總共有17.9萬人。其中29.72%是位於25-39歲適婚年齡的人口，適合婚配的單身男子其實就僅有5.3萬人。5.3萬人若一樣乘以1.33將等於7.08萬人。相對於162萬單身男性而言，這比例更掉到只有1/23。也就是你每認識23個未婚男人，其中才有一個是符合5萬元以上的薪水條件。

不過，還有一個可以多看一點的部分。在於我們前面計算時，其實排除了「離婚、分居、喪偶」的男人。雖然一開始大部分女性都不會考慮，但他們其實也還算是「適婚男人」。根據內政部的統計資料，綜合單身、喪偶和離婚的男人，總共有175.6萬人。所以按比例上而言，也還是在1/7左右。換句話說，就算把條件放寬到也接受喪偶及離婚的男人。月薪4萬還是要認識7個男人以上，其中才會碰到一個……

以上總總告訴了我們甚麼？

這告訴我們，先不談其他女性的競爭，光是「實際」值得下手的男人，其實就沒有想像這麼多。女性若沒有一個好「策略」，要在這遊戲勝出可是沒有直覺想像來的高呢！

03 為何男人不緊張

另一個值得在這裡接續探討的議題在於：「這162萬的單身男人他們難道都不緊張嗎？」其中部分優質的男人或許不擔心沒人要，但那些沒有這麼優質的男人呢？男人應該也有社會壓力以及長輩催促之類的困擾吧？若單身男性積極追求周圍那些優質的女孩，狀況應該多少也會有些不同啊。這些男人到底在打甚麼主意呢？

未婚男女間最大的差異，在於男性在婚配的選擇上有另外的「逃生途徑」。這部分我們可以透過內政部的另一個數據一窺內幕。

1987年1月到2015年12月底台灣外籍配偶的總人數（不包含大陸與港澳地區）。其中這16.5萬的外籍配偶中，女性占了其中近14.9萬人（約89.8%），可是男性卻只佔1.7萬人（約10.25%）。

而大陸港澳國籍的配偶數量中也呈現類似的比例：總共34萬大

外裔、外籍配偶		
合計	男	女
165,902	17,003	148,899

陸港澳的配偶中，女性占了其中的32.16萬人（93.4%），但男性配偶只有少少的2.3萬人（6.6%）。

實際上，外籍配偶無論是來自於哪裡，女性都占了極高比例。

這表示男性就算在「台灣市場」挫敗，並不表示就走入死胡同。他們或許不受本國女性的歡迎，但還是有機會在海外找到機會。

可是女性會嫁給外籍老公的，絕少是因為在台灣市場受挫的緣故，反而多是因為外籍配偶本身比台灣男人更優質（如歐美籍、或東北亞等）。此外，男人另一個相對於女人的優勢在於，就算他們過了35歲，也通常不介意（也還是有機會）跟18歲的女孩子交往。可是這樣的狀況（老女配少男）在女性這邊就較少發生了。

這造成一個兩性之間非常不公平的狀況：39歲還沒能結婚的男人，並不表示後續會一直維持單身的狀況。但39歲沒結婚的女性而言，後續要改變單身身分的困難度，相對是比男人高的多！

這也說明了，女性若有結婚的打算，時間以及數量的掌握，會

大陸、港澳地區配偶		
合計	男	女
344,348	22,687	321,661

是在這整個遊戲勝出很重要的一件事情。

可是女性普遍有意識到這狀況嗎？

有人有察覺，但也有女孩一直都沒有相關的意識。為何會有這樣的差異呢？在於當事人是否有直接的感受到市場壓力。很直接感受到市場現實的族群，通常很早期就有一個有效的應對的策略。但另外有一群女孩子，並沒有切身感受到市場現實的變化，她們在策略的應變上就顯得緩慢，甚至會長期採行一個已經明顯不利於自身的策略……

可是誰是有感受到市場現實、誰又沒有呢？最大的區隔因子，就是當事人因為自身條件感受到異性態度的落差。也是為何我會在書本的開頭處就提及分數這件事。

愛情市場學

寫給80分女生
提升戀愛力的
不敗思維

者／張國洋（老僑）
編輯／陳嬿守、林亞萱
編／黃鐘毅
編輯／劉依婷
設計／兒日設計／倪旻鋒

企劃／辛政遠、楊惠潔
編 輯／姚蜀芸
t 長／黃錫鉉
經 理／吳濱伶
亍 人／何飛鵬

版／創意市集
行／城邦文化事業股份有限公司
歡迎光臨城邦讀書花園
網址：www.cite.com.tw
發行所／城邦（香港）出版集團有限公司
香港灣仔駱克道193號東超商業中心1樓
電話：(852) 25086231
傳真：(852) 25789337
E-mail：hkcite@biznetvigator.com
f發行所／城邦（馬新）出版集團【Cite(M)Sdn Bhd】
41,jalan Radin Anum,
Bandar Baru Sri Petaling,
57000 Kuala Lumpur,Malaysia.
Tel：(603) 90563833
Fax：(603) 90562833
E-mail:cite@cite.com.my

刷／凱林彩印股份有限公司
3年5月　二版一刷　　Printed in Taiwan.
價／350元

本書為《愛情市場學：80分女生，你真的不夠好嗎？》增修改版

●如何與我們聯絡：

1.若您需要劃撥購書，請利用以下郵撥帳號：
郵撥帳號：19863813　戶名：書虫股份有限公司

2.若廠商合作、作者投稿、讀者意見回饋，請至：
FB粉絲團：https://www.facebook.com/InnoFair
E-mail信箱：ifbook@hmg.com.tw

3.若書籍外觀有破損、缺頁、裝訂錯誤等不完整現象，想要換書、退書，或您有大量購書的需求服務，都請與客服中心聯繫。

客戶服務中心
地址：10483 台北市中山區民生東路二段141號B1
服務電話：（02）2500-7718、（02）2500-7719
服務時間：週一 ～ 週五 9：30～18：00
24小時傳真專線：（02）2500-1990～3
E-mail：service@readingclub.com.tw

國家圖書館出版品預行編目資料

愛情市場學: 寫給80分女生，提升戀愛力的不敗思維 / 張國洋（老僑）Joe Chang著. -- 二版. -- 臺北市 : 創意市集出版 :　城邦文化發行, 2023.05
面；　公分
ISBN 978-626-7149-96-6(平裝)

1.戀愛 2.兩性關係

544.37　　112006352